방지일과 산동선교

– 구술채록 –

설충수 지음·기록

뿌리총서 간행사

우리의 뿌리와 샘을 생각하며

지난 4월에 숭실뿌리총서 14권을 간행한데 이어서 2차분 5권을 간행합니다. 이미 말씀드린 대로 나무에는 뿌리가 있고, 흐르는 물에는 샘이 있다는 것을 모두 알고 있습니다. 이는 우리의 개천절 노래에도, 조선의 『용비어천가』에도 등장하는 교훈적 비유입니다. 뿌리와 샘을 압축하여 표현하면 본원(本源)이라 합니다. 모든 것의 본원을 지극한 단계까지 찾아나서는 행위는 자기 존재를 완전히 알고 그 역할 수행을 극대화하는 주요한 방법이며 그만큼 의미 있게 살아가기 위한 필수적 작업입니다.

높은 산등성이에 있는 작은 샘에서 솟아난 맑은 석간수가 바위 골짜기를 거쳐 산 아래 도달하고 넓은 농지와 대도시와 중간에 있는 댐과 제방을 경험하며 넓은 바다로 가는 동안 주변에서 이른바 다양한 성질을 지닌 물줄기가 계속 합류하여 수량이 점점 많아집니다. 공업용수, 농업용수, 발전용수 또는 정수하여 수백만 도시민의 상수원으로 또 생활용수로 쓸 수 있게 되어 그 용도가 커집니다. 시작은 청정하고 미약했으나 결과적 쓰임새는 광대합니다. 우리 숭실도 많이 커졌습니다. 처음 시작할 때는 문과 한 반으로 시작했고, 한국 교회의 지도자를 양성하는데 초점을 맞추었지만 2017년 현재 40여 개 학과와 학부, 그리고 일반대학원생, 특수대학원생에 사회교육원 학생까지 합하면 17,000여 명의 재학생이 있는 상당한 규모와 수준의 학교가 되어 다방면의 인재를 양성하고 있습니다.

2013년 가을 우리 숭실대학교에 '뿌리찾기위원회'가 발족하였습니다. 평양에서 시작한 숭실대학의 정신, 그 흐름의 모습과 내용, 그리고 서울에서 재건할 때의 과정 등에 대하여 집중적으로 연구하기 위해서입니다. 평양 숭실의 설립자 베어드, 2대 교장 라이너, 3대 교장 마펫, 4대 교장 매큔, 5대 교장 마우리 다섯 분의 교장을 연구하여 평전을 짓고, 블레어, 편하설, 스월른, 솔토, 해밀튼, 클라크, 킨슬러, 루츠, 맥머트리 등 10명의 큰 업적을 이룬 분들을 집중적으로 연구하며, 더불어 평양대부흥회, 『논리약해』, 『인생문제의 해결』 등 주요 문헌, 순교자, 선교사들의 부인, 숭실의 문인, 숭실의 음악인 등 30주제의 사건 저술 인물 등 특정 분야에서 이루어진 탁월한 업적을 연구하고 그 가치를 재현해 내는 것을 목표로 하였습니다. 이 연구에 한국교회사 연구에 있어 전문가이신 이상규 교수님(고신대), 김홍수 교수님(목원대), 이덕주 교수님(감신대), 임희국 교수님(장신대), 김승태 박사님(한국기독교역사연구소)을 각각 책임 연구원으로 모실 수 있게 된 것, 그리고 숭실대학교의 여러 학문 분야의 교수님들이 참여해 주신 것에 깊은 감사를 드립니다. 희귀 자료들을 선뜻 내어 주시고, 확보에 도움을 주신 한국교회사문헌연구원의 심한보 선생, 그리고 호주 선교회 관련 자료를 제공해 주신 전예장(통합) 교단사무총장 조성기 목사님께 감사드립니다. 숭실대학교부설한국기독교박물관의 학예사 한명근 박사도 이번 일에 있어서 여러 형태로 많은 도움을 주었습니다. 무엇보다 희귀 자료의 열람은 물론 각종 사진들을 제공하여 연구와 연구물의 출판에 큰 도움을 주었습니다. 이 일에 처음부터 수고해주신 연구 간사 오지석 박사와 사무총괄간사 엄국화 선생에게도 깊은 감사를 전합니다.

이번 뿌리총서 2차분도 한국기독교문화연구원에서 간행합니다. 1967년에 출범한 한국기독교문화연구원은 그동안 줄곧 이름 그대로 한국의 기독교문화를 연구해 오고 있습니다. 뿌리찾기위원회의 활동은 사실상 한국기독교문화연구원의 연구활동의 일환이기도 합니다. 이번에 2차로 간행하는 5권은 킨슬러, 솔토, 해밀턴, 맥머트리 그리고 방지일입니다.

항시 좋은 뿌리를 가졌다고 자부해온 우리 숭실인들이 그 뿌리의 형성 과정을 다시 살펴보고 오늘의 우리에게 나타나고 있는 가지와 잎과 꽃과 열매가 바람직한 형상과 품질과 격조를 지니고 있는지를 냉정하게 살펴보는 시간이 되기를 원합니다.

만시지탄이 큰 이 일이지만 이 일의 중요성을 인식하시고 지속적으로 관심을 갖고 격려하시며 지켜봐 주신 숭실대학교 황준성 총장님께 깊은 감사를 드립니다.

2017년 8월 16일

숭실대학교 뿌리찾기위원회 위원장

숭실대학교 한국기독교문화연구원장

곽 신 환　삼가 적음

저자서문

방지일 목사님을 회고하며

2013년도에 평양숭실의 뿌리를 찾기 위한 노력의 일환으로 평양숭실의 인물들을 물색하던 중 생존해 계시는 최고령의 방지일 목사님을 알게 되었습니다. 목사님은 1911년에 평북 선천에서 태어나시고, 1929년에 평양숭실대학 문과에 들어와 수학하시며 목회자로서의 준비를 철저히 해 나가셨습니다. 이후 평양장로회신학교에서 수학하고 미국 유학을 포기하며 하나님이 인도하셨던 중국선교를 1937년에 실천하셨습니다. 1957년 중국을 떠날 때까지 중국선교를 감당하시면서 이후 중국선교를 결심하는 많은 후배 선교사들의 귀감이 되어주셨습니다. 한국에 귀국한 이후 영등포교회 담임목사 뿐만 아니라 장로교 총회장과 대한성서공회와 기독공보사 등의 이사장을 역임하시면서 한국교회를 위해 헌신하셨습니다.

필자가 목사님을 뵐 수 있었던 것은 두 번의 기회였습니다. 한 번은 중국생활을 마무리하고 한국에 정착하면서 중국선교사로서 귀감이 되신 목사님을 찾아 뵙고 인터뷰하고 싶은 마음에 거의 무작정 찾아갔던 기억이 새롭습니다. 따뜻하게 대해주시면서 아직도 산동성에 두고 온 양떼(중국신도들)을 위하시는 마음에 조심스럽게 이야기를 꺼내시는 모습이 목자의 마음을 느낄 수 있는 시간이었습니다. 두 번째는 평양숭실의 뿌리찾기로 목사님 생전에 평양숭실에 대한 기억을 채취하려고 방문하게 되었습니다. 2014년 방문 당시 목사님은 104세의 고령이신지라 한편 염려되었지만 이런 기우와는 달리 아직도 정정하셨고 두 시간이 넘는 숭실학교에 대한 이야기를 풀어내시면서 지친 기색을 보이지 않으셨습니다. 그리고 이것이 목사님 살아 생전에 숭실에 대한 마지막 증인이 될줄은 그 당시에는 꿈에도 생각하지 못했습니다.

사실 목사님과 이렇게 시작된 인연으로 오늘 이 작은 책자가 나올 수 있지 않았나 생각합니다. 평양숭실에 대한 기억을 더듬어 학교에서 만났던 은사와 친구들에 대한 인상을 그리고 종교부와 농촌부, 〈게자씨〉활동을 통한 당시 평양숭실의 역동성이 느껴지는 모습을 볼 수 있었습니다. 이에 목사님의 기억을 더듬어 평양숭실과 관련된 목사님의 삶을 짧은 논문으로 구성해 보았습니다. 그리고 두 시간이 넘는 목사님과의 인터뷰를 하나하나 듣고 다시 들으면서 녹취록을 완성할 수 있었습니다. 몇 가지 발음이 불분명해 더 이상 녹취록을 작성할 수 없는 부분도 있었지만 가능한 한 목사님의 생생한 평양숭실에 대한 증언으로 남기고자 노력했습니다. 그리고 필자가 중국유학을 하면서 계기가 된 한국교회의 산동선교에 대한 졸고를 같이 실었습니다.

인터뷰를 하면서 목사님이 마지막에 한 말씀이 생생하게 떠오릅니다. “숭실학교는 크게 되는 거 바라지 마세요. 작아야 됩니다. 작아야 신앙을 지킵니다. 크면 신앙을 못 지킵니다. ---숭실은 살았어요. 죽었다 산 학교이니 염려할 것이 없어요. 하나님께서 안 지키시겠어요?” 작지만 평양숭실의 신앙교육이 당시 기독교와 민족에게 영향을 미쳤던 것처럼, 오늘의 숭실도 진정 신앙교육의 정신을 잃지 말고 하나님께서 인도하시는 길로 나아가야 한다는 말씀이셨다. 비록 지금은 하나님 나라로 목사님을 떠나 보내드렸지만, 목사님이 생전 남기고자 하신 귀한

뜻은 오늘의 숭실이 이어받아야 하지 않을까 생각해 봅니다.

특별히 지면을 통해 원고를 일일이 읽어 가며 많은 부분 고쳐주시고 평양숭실에 관한 사진자료를 제공해 주신 방지일목사기념사업회와 이혜원 권사님께 다시금 감사를 드립니다. 그리고 목사님 인터뷰에 도움을 주신 숭실대학교 방송국과 김재현(정통전, 13) 학생에게 감사를 드립니다.

설충수

목차

뿌리총서간행사 3

저자서문 6

1부 방지일 목사의 숭실사랑과 중국선교 11

1. 신앙배경 /11
2. 숭실에서의 활동 / 13
3. 숭실에 대한 몇 가지 기억들 / 19
4. 중국선교 / 24
5. 숭실과 중국선교 / 31
6. 한국기독교의 중국선교에 담긴 의미 / 36
7. 맺는말 / 39

2부 구술채록문 41

1. 숭실인 방지일 목사와의 인터뷰 / 42
2. 조부의 신앙에 대해 / 43
3. 목사가 되기 위해 숭실로 / 46
4. 질병의 치유를 경험함 / 47
5. 윤산온(백균)에 대한 회상 / 49
6. 종교부 활동에 대해 / 52
7. 농촌부 활동에 대해 / 58

8. 순회전도여행에 대해 / 60
9. 학생회 임원들에 대해 / 61
10. 신성학교와 숭실학교의 관계에 대해 / 68
11. 『게자씨』에 대해 / 70
12. 평양성을 울린 숭실의 연극 / 73
13. 말스베리에 대해 / 78
14. 영향을 준 선생 / 87
15. 숭실학교에 대한 평가 / 89
16. 중국선교의 계기에 대해 / 90
17. 숭실학교의 폐교 소식을 듣고 / 92
18. 숭실 재건의 소식을 듣고 / 94
19. 숭실대학에 대한 바램 / 95

3부 한국기독교의 산동선교 97
1. 여는 말 / 97
2. 한국기독교의 부흥운동과 선교요청 / 98
3. 한국기독교 중국산동선교의 이유와 인물론 / 102
1) 산동선교의 이유와 난관 / 102
2) 산동선교사 인물론 / 105
4. 한국선교사의 산동선교활동의 특징 / 123
5. 닫는 말 / 127

부록 1 역대 중국 산둥성 선교사 명단 및 파송 기간 129
부록 2 『게자씨』 방지일 목사 글 목록 130
부록 3 방지일 목사 약력 및 저서 132
부록 3 방지일 목사 연구 관련 목록 135

제1부

방지일 목사의 숭실사랑과 중국선교

1. 신앙배경

방지일 목사는 1911년 5월 21일 조선의 예루살렘이라 할 수 있는 평안북도 선천(宣川)에서 방효원 목사의 5남5녀 중 장남으로 출생했다. 선천은 일찍이 만주에 파송된 선교사들을 통해 기독교와 신문명을 받아들인 곳이다. 이곳에서 그의 조부 방만준(方萬俊,1856-1941) 영수는 1898년 당시 양교라고 불리는 기독교의 교리를 알아보기 위해 자진해서 장관선(張寬善, 후에 목사가 됨)을 찾아가 복음의 이치를 듣고 기독교로 귀의했다. 이 일은 당시 방씨 문중에 큰 소동을 불러일으켰다. 복음을 받아들이지 않은 방씨 문중이었기에 반대와 핍박이 더욱 심했다. 심지어 방씨촌에서 온 집안이 빈손으로 추방당하기도 했다. 방지일 목사가 직접 밝힌 조부에 대한 증언은 다음과 같다.

"할아버지는 농민이었어요. 저는 어렸을 때 유교의 서당에서 공맹을 다 배우고 학교에 갔고, 할아버지는 자습으로 한문을 공부한 분이었지요. 그는 마치 아브라함과 같은 분이었어요. 양교가 왔다는 말에 철산

읍교회의 장관선 조사를 찾아가서 만나, 양교가 무엇인지를 배웠어요. 제 조부는 하나님이 부른 사람이지요. 그는 하나님이 바로 믿을 만한 참 신이라고 생각하고 믿기로 작정했어요. 방씨 집성촌 250여 호가 살던 마을에서 그에 대한 핍박이 심했지요. 3일 저녁 예배에도 참석하는 열심으로 신앙생활을 했는데, 동네에서 그를 잡아 때리고 옷을 찢는 등의 핍박을 가했어요. 제 부친은 조부께서 매맞는 것이 하도 분해서 여나믄 살 때 나도 믿겠다고 결심하고 부자간에 교회에 출석을 잘 했습니다."[1)]

방지일 목사의 신앙은 바로 이런 조부의 신앙에서 비롯되었다고 볼 수 있다. 특히 조부의 신앙원칙을 첫째, 어떤 일이 있어도 성수주일로 안식일을 철저히 지키며, 둘째, 십일조 실행으로 모든 수입의 십분의 일을 하나님께 드렸으며, 셋째, 근독성경으로 매일 성경 연구를 게을리 하지 않으셨으며, 넷째, 전도 열심으로 근독성경을 통해서 얻은 지식으로 만나는 사람들마다 전도를 하셨다고 했다.[2)]

조부의 신앙을 통해 방지일 목사의 아버지 방효원은 방씨 집안의 첫 번째 목사가 되었고 후에 중국선교사로 파송되어 활동했다. 이런 조부의 신앙적 영향과 아버지 방효원 목사의 중국선교활동은 이후 방지일 목사의 삶과 그 중국선교에 중요한 초석이 되었다고 볼 수 있다. 방지일 목사는 부친 방효원 목사가 중국으로 파송된 1917년부터 신성중학교를 졸업한 해인 1929년(6세-18세)까지, 조부의 슬하에서 신앙적 영향을 받으며 성장하였다. 조부의 신앙은 곧 아브라함의 신앙이었고 하늘을 향한 신앙이었다. 이런 조부의 신앙이 방지일 목사에게 계승되었다

---

1) 장석경, 『중국선교사 방지일 목사의 생애와 목회사역 연구』, (미간행학사논문, 서울장신, 2000), 3-4에서 재인용.

2) 한중식, 『현대의 욥 방지일』 (숭실대학교 출판부, 2003), 14.

고 볼 수 있다.[3)]

2. 숭실에서의 활동

방지일 목사는 선천 신성중학교(1929)를 졸업하고 평양숭실전문학교(1933) 문과(영문학)를 졸업했다. 사실 그는 신성중학교 때 수학을 좋아해 기하와 대수를 항상 만점을 받아왔다. 그래서 그의 삼촌들은 그를 서울의 세브란스 의전으로 진학시키고자 했다. 그러나 그는 목사가 되려고 평양의 숭실전문학교(일제의 조선교육령에 의해 당시 유일한 4년제 대학을 전문학교로 격하시켰다)에 진학했다. 그는 학교의 수업시간을 마치면 의당 3시간 정도 일을 하고, 밤으로는 야간학교에 가서 가르치고, 새벽기도도 빠지지 않았으며 그런 가운데서도 학교 성적은 중 이상을 했다.[4)]

방지일 목사는 당시 대학시절을 회상하면서 자신이 공부벌레는 아니라고 생각했다. "나는 학업이란 인격을 이루는 한 과정으로 생각하였기에 학업을 게을리 할 수는 없으나 그 자체에 공부벌레같이 매달리지는 아니한다는 생각이 우선이었다."[5)] 비록 학업에 소홀한 것은 아니지만 방지일 목사는 신앙생활의 방면에 더욱 초점을 맞춰나갔다. 이에 평양숭실대학에서 방지일 목사의 활동을 소개하려 한다.

먼저 성경구락부이다. 성경구락부는 1928년 숭실전문학교 영문학 교수로 부임한 킨슬러(Francis Kinsler, 33인의 독립선언서 서명인 가운데 한 분인

3) 구술채록문: 방지일 목사의 숭실관련 육성증언록 중에서.
4) 방지일, 『나의 나됨』(선교문화사, 2005), 35.
5) 방지일, 위의 책(2005), 105.

길선주 목사의 아들 길진경 목사는 그에게 권세열(權世烈)이란 한국 이름을 지어 주었다)가 이듬해 겨울 여섯 명의 소년과 소녀들을 만나 글을 가르치면서 만들어진 것이다.[6] 당시 한국의 학령기 아동들 가운데 20%정도만 소학교에 진학할 수 있는 정황으로 보면 성경구락부는 아동들에게 복음을 전할 수 있는 좋은 수단이었다. 권세열 목사를 중심으로 방지일, 배민수, 송영길 학생은 그를 도와 소년개척구락부(Pioneer Club)를 공동으로 설립했다. 그러나 일제는 개척이란 어휘가 불온하다고 대신 성경이란 이름으로 개칭해 성경구락부가 되었다. 방지일 목사가 참여한 성경구락부 활동은 이후 그의 숭실학교에서 종교부 활동과 맥을 같이 한다고 볼 수 있다.

개척구락부 권목사는 윤산온 목사가 프린스턴에 가서 물색해서 한국에 선교사로 총각으로 왔다. 씩씩한 젊은이로서 내 첫인상은 숭실대학에 와서 농구코트에 학생들과 같이 농구를 즐기던 때의 인상이다. 그가 와서 학령은 되었어도 학교에 가지 못하는 아이들에게 관심을 갖고 처음에는 개척 구락부라고 해서 시작한 것이 경창리 구락부라고 시작했다. 시작할 때 배민수, 길진경, 송영길, 박태기, 방지일 등과 같이 개척 구락부라 이름하여 시작했는데 차차 그 수요를 느껴 지역적으로 크게 발전하여 서성리니 신양리니 천광산이니 선교리니 기림리니 그 지부들이 많이 늘어 나아갔다. 주로 숭실대 학생들 중에서 선생을 택하였다. 야간으로 성경, 한글, 지리, 역사, 이과, 수공, 체조를 주 교과목으로 시작한 것인데 그 지방에 따라 과목이 더 첨가되기도 하였다. 라디오 체조라 해서 단체훈련에는 크게 유효하였다. 한 구락부에 2백, 3백 명으로 수십 구락부가

---

6) 방지일, 『야사(野史)도 정사(正史)로』 (선교문화사, 2001), 70.

평양에 설립되어 각 구락부마다 부장이 있고 학생수대로 선생이 파송된다. 일년에 몇 번씩 전 구락부 대회를 하게 되어질 때는 수 천이 모여서 숭실대 대 체육관에서 개최할 때엔 어린 사람들의 사기도 좋았고 큰 훈련장이 되었다. 교재는 각각 맡은 이가 있어 준비하여 처음에는 능사해서 사용하였으나 후에는 인쇄물을 사용하였다. 후에 교회마다 그 요청이 있어 총회사업으로 채택까지 되었다. 각 교회 주일학교는 이로 말미암아 크게 부흥하였으니 개척 구락부는 크게 성공한 셈이다. 이 구락부 출신으로 큰 인재가 되어 후에 성경구락부로 개명했는데 거기 들어와 크게 공헌한 바도 있다.

종교부는 매해 여름 전도대를 조직해 지방에 가서 집회를 했다. 전도대는 주로 강사 2인과 음악가 1인으로 구성되어 주로 대학생들이 담당했다. 아마도 이런 이유 때문에 당시 정복을 한 경부와 형사 여럿이 집회에 참석해 감시를 하곤 했다. 그 때의 한 일화를 소개하면 다음과 같다.

> "하루는 내 고향 철산군 여한면 원세평동 교회에서 집회를 할 때였다. 그 교회는 내 조부님이 예수를 믿기 시작하여 방씨 가문에서 추방을 당한 본교회로 500명 정도의 교인이 모이는 교회였는데 그 날은 학생들의 집회라 교회당 안팎으로 입추의 여지가 없이 사람들이 그득히 모였다. 송영길이 연사였는데 연사가 좀 거친 발언을 했다. 우리 민족이 살 길을 찾아 만주에 가지만 거기서 누구도 우리 민족을 반겨 맞아주지 않습니다. 현해탄을 건너지만 게다 짝에 채이기가 일수입니다. 우리가 어디에 가서 평안을 찾아 살겠습니까? 우리에게 그럴 곳이란 없습니다. 이 때에 경부가 중지 선언을 외쳤다. 나는 얼른 일어나서 송영길을 앉히고 '내 주를 가까이 하려 함은' 찬송을 부르고 또 부르게 하였다. 후에 경부에게 가서 정중하게 집회를 중지시킨 이유를 물었다. 경부는 말하길 당신들이 농촌에 다니면서 백성들에게 희망을 주며 기

뽐을 주는 집회라면 모르지만 사람들에게 이런 식으로 저들이 나아갈 길이 없다고 하며 절망하게 선동하니 치안의 책임을 진 자기들로서는 … 나는 경부에게 우리에게 그 살 길이 있음을 이야기 하려는 것이며 절망에서 소망으로 나아가는 길을 찾게 하는 것이 전도요, 그 결론을 말하려 할 때에 중지시켰다고 항의했다." [7)]

실제 방지일 목사의 이런 회고에서도 살펴보듯 당시 평양의 몇 개 학교(숭전, 숭인, 광성, 숭실)가 연합으로 "민중 속으로 가자"라는 브나로드 운동을 전개하면서 농촌계몽운동에 참여했다. 전국각지로 나가 문명퇴치운동, 한글보급운동 그리고 전도와 교육 등 다양한 분야에서 봉사활동을 전개했음을 알 수 있다. 당연 이 일에 숭실대학이 중요 역할을 했음을 짐작할 수 있다.

이런 종교부 활동과 더불어 방지일 목사는 농촌부 활동도 참여했다. 당시 맥큔의 지도로 토마토와 돼지 농사를 진행했는데, 그는 이에 대해 다음과 같이 회상하고 있다.

숭실대학교에 농과가 있잖아요. 토마토 이거 우리 숭실대학교가 제일 먼저 심었어요. 토마토는 딴 과일과 달리 냄새난다고 안 먹었어요. 한 상자에 15전 했는데 안 팔렸어요. 지금은 토마토가 없어 못 먹잖아요. 이게 숭실학교에서 나온 거예요. 숭의학교에는 토마토 없어요. 돼지 치는 거, 이거 나도 돼지 많이 쳤는데, 돼지쳐서 베이컨 많이 만들었어요. 과거에는 우리 숭실대학이 돼지 수 백마리 먹였는데 팔 데가 없어요. 한국사람이 그리 고기 많이 먹나요? 할 수 없이 윤산온 목사가 베

7) 방지일, 『나의 나됨』 (2005), 73-75.

이컨 만들었어요. 베이컨은 꼭 김치와 같아요. 영국 사람은 알지만 불란서 사람은 베이컨 몰라요. 독일 사람도 소세지 먹지 베이컨 몰라요. 베이컨은 영국이잖아요. 맥큔이 영국교회니깐 베이컨 알았어. 돼지고기는 꼭 김치와 같이 큰 독에 담가서 약물에 담가서 얼마만큼 익은 다음에 그 놈을 굴에다 걸어 밤나무를 때 훈제를 해요. 이게 베이컨이에요. 베이컨 어디 한국에 팔 데가 있어야지. 내가 베이컨 팔기도 많이 했는데, 한국사람 베이컨 먹을 줄 알아요? 모르지. 서양사람 몇 사람이 있는데 그 사람에게 다 팔아요. 베이컨 만들었다가 팔기에 혼났어.[8)]

방지일 목사는 또한 문서선교를 주도했다. 그것이『게자씨』의 발간이었다. 방 목사는 자신보다 7년 연상인 김진홍과 함께 기숙사를 사용하면서 아침 저녁 두 차례의 예배(오늘날의 큐티로 볼 수 있다)를 드리면서 서로 예배시간에 받은 은혜를 나누자고 결의했다. 이렇게 숭실대학 학생들이 자발적으로 서로 받은 은사를 나누는 등사물로 시작한 것이『게자씨』였다.(1931년 6월12일 창간) 처음에 이 모임은 예수의 발자취를 따른다는 "종적회(從跡會)"로 조직되었는데,『게자씨』 창간호 말미에 이에 대해 소개했다.

"〈종적회〉-- 世上에는 各色의 異彩를 띤 會가 많겠지만 本會는 그 일홈에 文字 如實히 나타난 것처럼 우리의 참 親故 되신 主님의 발자국을 따르려는 同志 몇 사람으로 말매암아 創立되엿으니 萬天下 兄弟 中 같은 뜻을 가지신 이는 參會하시기를 바래거니와 勿論 本會에 入會하실 분은 主

8) 구술채록문: 방지일 목사의 숭실관련 육성증언록 중에서.

님께서 擇定하여 보내 주실 줄 믿습니다. 一本會任員 會長 方郭松(방지일 목사의 별호) 會計 尹郭岩(윤병식의 별호) 書記 金聲泰(김진홍의 별호)" [9]

그러나 이 등사물은 3년만에 출판법 위반으로 압수, 취조를 당했다. 허가없이 인쇄물을 출판한 것으로 벌금 500원 이하, 3년 징역을 산다는 것이었다. 이에 방 목사는 이것이 돈을 받고 파는 것도 아니고 대중적인 것도 아니고 다만 신앙간증을 친구들끼리 편지로 써서 나누는 것으로 무슨 출판법에 저촉이 되느냐고 저항했다. 이에 앞으로 총독부의 허락을 받아 출판하기로 약속하고 속간해 활판인쇄까지 하게 되어 당시 유행하던 기독교 잡지 『신앙생활』(김인서 장로의 월간지, 후에 목사가 됨)과 같이 간행했다.[10] 『게자씨』는 이후 방 목사가 중국 선교사(1937년)로 파송될 때까지 자신의 집 한 채까지 털어가면서 그가 책임을 지고 출간했다. 이후 안요한(후에 안광국으로 개명)에게 맡겨졌으며 약 2년간 더 발행되다가 일제 말엽 모든 출판물에 대한 전시체제 전환으로 1939년에 폐간되었다.

『게자씨』는 신앙적 나눔뿐만 아니라 기독교인들의 민족의식, 항일의식을 고취시켰다. 특히 두 번의 정간은 『게자씨』의 이런 특성을 보여준다고 볼 수 있다. 첫째는 주기철 목사의 "죽으면 죽으리라"를 총독부의 허락을 받고 2,000부를 인쇄했다. 그러나 평양지역 치안을 담당한 평남고등계에서 허락할 수 없다고 전부 압수했다. 다음으로 "만보산 사건"과 관련해 일본이 중국인과 한국인 사이를 이간시키기 위해 벌인 사건으로 전역에서 중국인이 살해당했다. 하마터면 이 일은 만주지역에서

9) 장석경, 『중국선교사 방지일 목사의 생애와 목회사역 연구』, (미간행학사논문, 서울장신, 2000), 5에서 재인용.
10) 구술채록문: 방지일 목사의 숭실관련 육성증언록 중에서.

한국교포들의 참사를 불러올 수 있는 일이었다. 그러나 자세한 진실이 『게자씨』에 소개되면서 참사를 막을 수 있었다. 평양고등계는 이 일도 치안상의 이유를 들며 무조건 전부 『게자씨』를 압수해 갔다.

그 외에도 방지일 목사는 평양숭실대학 재학 중 교회를 개척해 목회자로서의 길을 찾아나갔을 뿐만 아니라 『게자씨』와 성경구락부, 종교부 활동 등을 통해 익히고 닦아온 기독교 전파에도 잘 훈련이 되어 이후 중국선교사로서의 역할을 감당하는데 큰 도움이 되었다.

3. 숭실에 대한 몇 가지 기억들

여기서는 평양숭실에 대한 방지일 목사의 몇 가지 이야기를 나눠보도록 하겠다. 그가 만난 숭실의 교수들에 대한 기억을 살펴보고자 한다. 먼저 사무엘 마펫에 대해 그는 이렇게 말하고 있다.

> 나는 거기서(평양) 대학과 신학을 했고 또 마펫이 세운 장댓재 교회 전도사로 목사 안수를 받기까지 한 교회이다. 그 넓은 대지를 법적으로 소유권을 얻어 대 서도의 모 교회인 장댓재 교회를 세웠고 숭덕학교를 세웠다. 서도의 개척자는 이렇게 터를 잡았고 그곳을 중심으로 하여 서도의 교회를 일으킨 것이었다. 그리고 교육기관으로 숭실중학교(그때는 중 고등이 나뉘이지 않았다) 숭실대학교, 신학교를 세워 한국교회의 기초를 이 분이 닦았다 할 것이다. 서대문 거리에서 기역자로 서평양 가는 거리가 뚫려 있는데 그 길이 경창리 길이다. 이 길 좌우에 서평양 향하여 가는 방향으로는 오른쪽에 서문밖 큰 교회(2000명) 좀 지나서 평양신학교 그리고 쭉 가면서 숭신 성경학교 숭의여학교 그리고 선교목

사 사택들 그 건너편으로 사택들 외인학교 서대문으로 오면서 숭실대학교 중학교들이 즐비하게 들어 서 있다.... 그 키 크신 분이 지팡이를 짚으시고 오른쪽에 신학교 왼쪽에 숭실대학 그 가운데 서평양 가는 큰 길이 뚫렸는데 40년전 널다리 골에서 자기를 구경하려 밀려들던 그 일과 40년 후 오늘에 그 경창리 길 좌우가 약 1km는 될 터인데 그 좌우가 교육기관 또 선교사 사택으로 그득한데 그 가운데를 거니시는 그 감회가 어떠하였음을 감격스럽게 답사에 이야기 하셨다.[11]

숭실학교뿐만 아니라 평양신학교의 설립자로서 한국기독교의 교육에 큰 공헌을 한 인물로 기억하고 있다. 또한 방지일 목사는 윤산온(맥큔)에 대해서도 다음과 같이 기억하고 있다.

맥큔 윤산온 그는 좌우간 우리 학생 백 여명 밖에 되지 않지만 학생들을 얼마나 업그레이드하는지 몰라요. 특별히 신앙적으로도 그렇고 운동으로도 축구도 좌우간 숭실대학 축구가 전국에서 일등하지 않았어요? 그래서 뭐 그때 그 생각을 하면 군악대가 있는데 평양성을 쫙 돌고 평양공설운동장에서 밤새 캠프파이어를 하고 불놓고서 교가를 부르고 군대와 같이 시가를 행진해서 전국의 일등을(한 것을 자랑했지요). 아 지금 생각하면 훤해요. 아 그런데 그런 격려를 닥터 맥큔은 목사요 서양사람이지만 뭐 사람에게 충격을 주는 힘이 있어요. 뭐 우리 숭실학교는 백 여명 밖에 안되지만 축구선수가 있지 않아요? 김익두 목사 아들이 우리 축구선수로, 몇 해 전에 안양에서 죽었지만, 전국에서 일등이어요. 우리 팀장이 되었지. (맥큔은) 그런 학생들을 선동시키는 힘이 있어요. 윤산온 목사의 힘이 커요.[12]

11) 방지일,『야사(野史)도 정사(正史)로』(2001), 19, 21.

윤산온은 사실 선천 신성학교 교장으로 있으면서도 대한민국의 독립에 앞장서신 분이다. 이 때문에 추방을 당하기도 했는데 다시 숭실대학의 학장을 맡으면서 신사 참배문제로 다시 추방되기도 했다. 그의 교육에 대한 열정으로 평양숭실의 학생들이 엄청난 자부심을 지녔으며 또한 민족의식을 고취시킬 수 있었다.

> "경평 축구대회는 서울과 평양을 오고 가며 개최할 때마다 그 열이 대단하였고 평양 숭실중학교는 전 일본 중학생 축구대회를 동경 감자원에서 개최할 때 숭실 중학팀이 참가하여 우승을 했다. 일본 안에서만 아닌 국외에서도 큰 센세이션을 일으켰다. … 이는 일본 국내에서도 도무지 상상도 못했던 일이라 그 때 숭실의 위상이 높아지면서 전국적으로 축구 열기가 대단하였다. 젊은이들의 사기를 돋우는 데는 그의 큰 기술이라 할 것이다. 운동을 크게 장려하여 숭실중학의 축구는 전 일본 중학에 제일위에 올라 일본 국내뿐 아니라 세계적으로 평판이 있었다. 전국축구대회에 숭실학교가 우승했을 때 교장 자신이 선수와 같이 살았다. 그때 한국 축구계의 원로 김영식(김익두 목사 아들)도 그가 길러냈다 할 것이다."[13]

숭실중학과 숭실전문학교의 교장을 겸임했는데 당시 평안남도 교육부에서 모든 중학교의 교장들을 교육청으로 모이게 하여 신사는 종교가 아니라 국가의식으로 볼 수 있으며 이에 아무런 신앙의 저촉을 받지 않기 때문에 학교에서도 국가의식으로 진행해야 한다고 강요했었다. 그러자 윤산온은 이에 거세게 반대하면서, "우리학교는 신앙 양심으로

---

12) 구술채록문: 방지일 목사의 숭실관련 육성증언록 중에서.
13) 방지일, 『야사(野史)도 정사(正史)로』(2001), 37, 56.

우상에게 절하지 못합니다. 계명에도 있어요"라며 항의했다. 이 때문에 그는 숭실중학 교장에서 파면되었다. 비록 윤산온은 파면되어 미국으로 갔지만 미국에서도 많은 설교 등을 통해 반일운동에 참여했다.

방지일 목사는 또한 기도의 친구요 동지인 마두원(Malsbery) 교수에 대해서도 언급했다.

> 기도의 친구, 이분은 숭대 음악교사로 윤산온 교장이 데려온 분이다. 선교사 중에는 나와 가장 가까운 기도의 친구이다. 성경대로 살자는 분으로 나는 서투른 영어지만 한 주일에도 몇 번 만나고 "겨자씨 지"를 내 집에서 발간할 때도 집에 와서 포장지에 싸며 우표를 붙이며 그 만치 친밀하게 지낼 수 있는 기도 친구, 신앙의 동지였다. 이 분은 하루에 성경을 얼마나 보는지 모른다. 어떤 기도의 일이 생기면 아침 일찍이 찾아간다. 잠옷 입은 채 성경을 들고 나온다. 음악인, 숭실대학 밴드는 때로 전국을 순회하며 연주했다. 그 지휘자로서 말스베리는 기도하고서야 시작한다. 한번은 지방 연주회에 약간 음의 조화가 안되니 그는 휴식시간에 우리 기도가 부족하였다고 단원들과 자복 기도하고 다시 연주를 속개한 때도 있다. 그는 어떤 착오가 생기면 하나님 앞에 죄를 찾아 회개한다. 나는 그와 노방전도도 때로 같이 하였다. 나가면서도 전도지를 만나는 사람에겐 반드시 전달한다. 나와 이야기 하다가 한 사람이 그저 지나갔다. 쫓아가서 "예수 믿으세요" 전도지를 주고 와서는 만일 나와 오늘 만나신 분과 내가 그저 지나갔을 때 그가 하나님께 먼저 가든지 내가 먼저 가든지 이는 모르나 내가 만나고도 전하지 아니하면 그 책임을 내게 물으실 때 나는 대답할 말이 없게 된다. 만나는 이에게는 기어이 전도 할 책임이 있다는 것을 강조하곤 했다.[14]

---

14) 방지일,『야사(野史)도 정사(正史)로』(2001), 75.

그의 신앙이 상당히 보수적이었고 항상 기도로 모든 일을 시작하고 끝맺을 정도로 가장 가까운 기도의 동지로 기억하고 있다. 또한 그는 자신의 영달을 위해서보다는 복음을 위해 사신 분이라고 기억하고 있다. 그 외에도 방지일 목사는 평양숭실의 몇몇 교수에 대해 다음과 같이 기억하고 있다. 이것은 평양숭실의 모습을 그리는 데 필요한 부분이라고 본다.

> 함일톤 목사와 마우리(Mowry) 선교사에 대해 다음과 같이 기억하고 있다. 함일톤에 대해, "숭실대에서 성경과 변증학을 교수하던 함일톤 목사는 소아마비로 크게 불편하게 걷는다. 독실한 근본주의자로 한 주일에 매 학년이 두 시간씩 성경 로마서를 그에게서 배웠고 기독교 변증론도 배운다. 철저한 근본주의자로 자기 신앙과 다른 이는 용납하지 않는다. 처음에는 미국 장로교 총회 파송으로 다른 선교사와 같이 합력하여 왔으나 차차 자유주의가 미국 교계에도 침투함을 크게 우려도 하던 분이다. 기독교서회 총무로 오래 일하시던 평대전 목사님이라고 계셨다. 본시 청주주재 선교사였는데 그의 영어 이름은 기억나지 않는다. 이분도 철저한 근본주의자로 이 두 분은 마침내 총회를 탈퇴하고 한국에서도 떠나신 분들이다." 그리고 마우리 선교사에 대해서도 다음과 같이 말했다. "개척전도도 많이 하시면서 숭실 내 미분학, 생물학 교수시다. 진실무망 하셔서 걸음조차도 그 성격대로 앞만 보고 걸으며 곧게 그 보법도 보폭이 그렇게 넓을 수 없다. 나는 그에게 생물학, 미분학을 배웠다. 생물학 학점은 엄격했다. 아메바를 물 웅덩이에서 건져다가 600배 현미경으로 그 분열 생식을 보며 그림으로 그린다. 생물학 학섬에 시험도 시험이지만 그 그림이 29점이나 된다. 이 그림도 다 그려 내야 한다. 그는 엄격하신 분으로 보아주는 것은 없다. 철저하게 가르친다. 나

는 사이언스 홀 관리를 맡기도 했는데 거기에 실험실과 교수들 연구실들이 5층 건물에 그득한데 내가 그 홀을 맡았으니 만치 내게 마스터 키가 있어 어느 방이든지 열 수가 있다. 이 마우리 목사 방에 들면 그 진지한 연구로 언제나 현미경이 놓여있어 수시로 보고 쓰고 그 강의 준비하는 것이 보인다. 주중에는 학교 교수로 전임이되 주일에는 그의 맡은 구역이 대중시찰이다. 대동강변 일부와 중화 일부로 되어진 시찰구역 20여 교회를 그는 열심히 돌아본다. 교역자 없는 교회엔 교역자를 주일 차로 데려다 주고 데려오며 숭실대 학생으로는 교회학교를 하게 하여 차에는 언제나 만원으로 주일이면 자기 시찰은 언제나 돌아본다. 진실한 전도자라고 정평이 있다. 그 수십 교회를 제직은 물론 교회까지 친밀하게 돌보는 선한 목자이였다. 나도 그 시찰 안에 개척전도를 했던 고로 그와의 접촉은 학교에선 교수로 주일이면 교회에서 때로 만나는 분이라 학교 전임이면서도 교회를 그렇게 돌보는 이는 없다고 할만했다. 모든 교회로서도 자기들의 목자로 알아주었다."[15]

4. 중국선교

방지일 목사는 평양숭실대학을 졸업 후 자연스럽게 평양신학교에 진학해 수학했다. 신학교 졸업 후 그는 미국유학을 준비했다. 미국 입국 비자를 받아놓고 이제 떠나는 일만 남았는데 대한 예수교 장로회 총

---

15) 방지일,『야사(野史)도 정사(正史)로』(2001), 65-66.

회 외지 선교부의 김석항 목사가 방지일 목사를 찾아와 아버지를 이어 중국에 선교사로 가라고 한 것이었다. 그의 아버지 방효원 목사는 1935년 산동 선교사 직을 사임하고 상해한인교회 전도목사로 부임하였다. 총회에서는 후임 선교사 선정을 결의했지만 적임자를 찾지 못해 근 2년을 끌고 오게 되었다. "본부 사무국이 경성, 금강산 등지로 수차 회집하야 산동 선교사 후임자를 선택하기로 하고 최재화, 정재호, 김진수, 송창근, 백영엽, 윤응팔, 신후식, 한종선, 제시를 교섭하여 보앗사오나 다 허락되지 못 하엿사오며, 앞으로 선교사 후임자를 선택하는 대로 가급적 속히 파송하야 산동 선교에 지장이 업도록 하랴고 하오며…"[16] 마침 방지일 목사가 신학교를 졸업하고 목사 안수를 받았기에 그에게 중국 선교사를 요청한 것이다. 그는 유학과 선교의 갈림길에서, 결국 공부도 주님 오시기 전에 한 생명이라도 살리기 위한 것이라는 결론을 내리고 선교사로서의 부름에 응한다.[17]

1937년 4월 방지일 목사는 평양 장대현교회에서 산동 선교사로 파송을 받는다. 당시 그를 파송하며 김인서 장로가 "중국에 가서 중국 사람이 되라. 거기서 죽고 돌아오지 말라. 죽어 곤륜산에 묻히라"는 현수막을 내걸고 그를 지지했다. 특히 그의 중학교 은사 심인곤(沈仁昆) 선생은 그를 보내면서 "공맹의 도의를 저들에게 받았더니 이제 생명의 말씀으로 갚게 되었군요. 참으로 감사한 일이외다. 가서 성경말씀을 바로 전하시오. 다른 것 말고요."[18]라고 했다. 이와 같이 문화를 복음으로 갚으려는 마음을 지니고 방지일 목사는 산동으로 출발해 1937년 5월 7일 산동 래양에 도착했다.

---

16) 『조선예수교장로회총회 제25회 회록』(1936), 42.
17) 장석경, 『중국선교사 방지일 목사의 생애와 목회사역 연구』, (미간행학사논문, 서울장신, 2000), 10에서 재인용.
18) 방지일, 『나의 나됨』(2005), 76.

주지하듯, 한국기독교는 부흥운동에 힘입어 점차 해외선교를 시작할 수 있었다. 이전까지 한국기독교는 미주, 일본, 만주, 시베리아 등 주로 해외한인들을 대상으로 선교사업을 전개했다. 장로회의 중국산동선교를 시작으로 본토인을 대상으로 하는 해외선교가 실시되었다. 1912년은 9월 1일 제1회 예수교 장로회 조선총회가 평남 평양 경창문안 여성경학원에서 개최되었다. "로회를 시작할 때에 제쥬에 선교사를 보냄으로 신령한 교회를 세워 하나님께 영광을 돌림으로 우리의 기쁨이 충만한 바이온 즉 지금 총회를 시작할 때에도 외국전도를 시작하되 지나(중국)등지에 선교사를 파송하기를 청원합니다."[19] 노회성립을 기념해 제주도에 선교사를 파송했으며, 총회성립을 기념해 중국선교를 결의했다. 총회는 이 결의를 통해, 다음해 즉 1913년에 3명의 한국선교사 박태로, 사병순, 김영훈을 중국산동성에 파송한다. 이로써 한국장로교회는 그 성장과 함께 해외선교의 역량을 발휘할 수 있었다.

그럼 한국장로교회는 왜 중국을 해외선교의 첫 대상으로 삼았는가? 방지일 목사는 그의 책 〈임마누엘〉에서 말하길, "우리는 과거에 문화를 이웃 중국에서 받았으니 그들에게 생명의 복음으로 갚자고 선교지역을 정한 것이다."[20]고 했다. 문화를 복음으로 갚는다는 의도에서 산동지역이 조선장로교회 선교지역으로 정해졌다. 이와 더불어 양 국가간의 인접성이 한국의 산동선교를 촉발했다고 볼 수 있다. 중화기독교회년감에서는 한국기독교의 산동선교를 언급하길, "고려와 중국은 영토가 인접하고 풍습이 또한 많은 면에서 흡사하며 양국간의 변경이 겨우 강 하나차이로 떨어져 있다."[21]고 했다.

19) 『조선예수교장로회총회 제1회 회록』(1912)
20) 방지일, 『임마누엘』(선교문화사, 1996), 16.
21) 白永哗、金弘叙, "韩国教会宣教山东记略" 『第五期中华基督教会年鉴』, 81.

이를 통해서 보면, 한국과 중국의 인접성은 한국이 해외선교대상으로 먼저 중국을 선택하기에 좋았음을 방증하고 있다. 이런 양 국가의 인접성은 문화, 종교 등에서도 많은 영향을 미쳤다. 한국의 유교, 불교 등은 대부분 중국에서 전래되었다. 산동성은 이런 중국문화, 종교의 발원지이며, "만인에게 존대를 받는 공맹의 출생지"이다. "산동은 중화 28성 중에 다방으로 굴지하여 유명한 곳이다. 중화의 종교, 중화의 도덕, 중화의 예의, 중화의 문학, 중화의 문명, 중화의 정치, 중화의 사업, 중화의 미술, 중화의 혁명, 기타 모든 것이 다 산동에서 발원이 되었다."[22] 이 때문에 한국기독교는 산동성을 중국의 모든 종교, 문화, 도덕 등의 발원지로 여겼다. 그러나 당시의 상황은 이전과 판이했다. 산동은 전(全) 중국에 비해 극빈, 극고난의 생활을 하고 있었다. 이것은 도리어 산동사람들을 각지방으로 흩어지게 했다. 이런 상황 하에서 한국인 선교사들은 바로 이런 산동의 "백성에게 복음을 전하는 것은 전중화에 복음을 뿌리는 것이며, 또 그렇게 될 줄 믿는다."[23]고 여겼다. 산동 사람은 전 중국인에게 존대를 받으며, 또한 산동 사람의 현실형편 때문에 전 중화로 흩어졌다. 마치 "오순절에 많은 사람이 예루살렘에 놓여 은혜를 받고 도처에 교회가 일어난 것같이", 산동 사람에게 복음을 전하는 것은 전 중화를 복음화하는 시작이라고 여겼다. 이 때문에 한국기독교는 산동을 중국선교의 발원지로 여겼다.

이와 더불어 한국기독교는 당시 중국의 정치 상황을 고려해 중국선교를 결정했다고 볼 수 있다. "민국이 성립된 후로는 상하인민의 사상과 풍속이 일변하여 외국선교사와 교회를 특존특대하며"[24]라고 했는

22) 방효원, "산동선교에 대하여", 『게자씨』(통권제68호, 1937년 4월), 15.
23) 방지일, 『임마누엘』(1996), 16.
24) 홍승한, "중국산동성래양선교소식", 『신학지남』(제3권 제2호, 1920년 7월 20일), 244.

데, 이것은 민국 이후 중국각지에서 전도의 문이 열려 중국선교를 결정하는데 영향을 미쳤다고 볼 수 있다. 한국기독교는 기독교를 받아들인지 30년 만에 중국에 복음을 전할 수 있었다. 한국기독교의 산동선교는 이 때문에 중요한 의미를 지닌다고 볼 수 있다.

그러나 산동선교가 생각한 것만큼 쉬운 것은 아니었다. 특히 중국인 중 산동 사람의 사상적 자존자대(自尊自大)는 선교의 걸림돌이라고 여겼다.[25] 산동성은 역사적으로 중국의 유명한 성현, 군자 등을 배출했으며, 도덕, 문화의 발달도 산동성에서 시작되었다. 이 때문에 산동 사람의 사상은 자연히 자존자대해 자기의 성인, 도덕, 문화보다 더 좋은 것이 없다고 여겼다. 처음 중국에 선교사로 온 박태로가 중화예수교장로회 화북대회에 산동지역 선교지 허가를 받기 위해 교섭자격으로 산동을 방문했을 때도 비슷한 이유를 들어 이의를 제기했다. 즉 다음과 같다.

> "중화는 고대의 문명국이오 역사가 심장한 대국이며 세계 4분지1의 인구를 가진 국가라 교만과 자존심이 많아 자칭 대국이라 하야 소국을 멸시하는 고래적 습행이 있으니 중화와 조선은 자고로 관계가 되어 대소와 早晩의 차별을 둔 관계로 조선교회가 중화에 선교는 다방으로 고난이라."[26]

물론 화북대회에서 만장일치로 한국기독교의 산동선교를 허락했지만 여전히 산동선교는 쉬운 문제는 아니었다. 이와 더불어 한국 선교사들은 사상적 관계뿐만 아니라 문자적 관계가 선교의 난관으로 여겼

25) 홍승한, "중국산동성래양선교소식", 『신학지남』(제3권 제2호, 1920년 7월 20일), 242.
26) 방효원, "산동선교에 대하여", 『게자씨』(제66호, 1937년 2월), 30.

다. 즉 중국어가 학습하기 어려웠다. 이 때문에 유식한 사람은 스스로 알고 스스로 교만하여 입교하는 자가 많지 않고 무식한 사람은 자굴자폭(自屈自暴)해 입교하는 자가 역시 적다고 생각했다. 언어문제로 생기는 선교의 난관이었다. 게다가 산동 사람은 다른 성 사람들을(他省人) 하대하는 습속이 있으며 심지어 외국인이 박해를 받았다고 하는 점 등이 산동선교의 난관으로 지적되었다.

그러나 한국 선교사들은 산동성의 한가운데인 래양(萊陽)현을 조선선교구역으로 허락 받아 선교를 했다. 그 외에도 즉묵(卽墨), 평도(平度), 초원(招遠), 루하(樓霞), 해양(海楊) 등에서 선교했다. 이 지역은 370-80만의 인구가 있는데, 당시 평안남북도와 황해도 인구를 합한 것과 비슷했다. 이 인구 중에서 불과 5천여 명이 기독교인이었다. 복음을 받아들인 지 불과 30년도 안되는 한국기독교가 대부분 서방선교사들도 힘들어하는 산동선교에 참여하게 되었다.

방지일 목사는 당시 중일전쟁 때문에 래양에서 청도로 이주해 선교할 수 밖에 없었다. 청도에서 반일문제로 박상순 선교사가 체포되어 추방당했고(1940년), 이 때문에 방지일 목사도 위험에 처해 있었다. 일본의 회유와 협박에도 불구하고, 그는 복음을 전하는데 전념했다. 더욱이 이 시기는 일본이 〈대동아공영권〉이라는 허구적인 이념을 구상으로 중국교회를 자신들 통제하에 두려고 만든 〈대동아선교회〉의 회유가 빈번하게 있던 때였다. 방지일 목사는 이런 회유를 단호히 거절했다. "우리는 벌써 20년 전에 이 선교를 시작한 바이고 아예 올 때에 중국목사의 적을 가지게 되었으며, 또 교회도 중화기독교회로 세운 고로 목사의 적이나, 교회의 적을 옮길 수 없다고 단연 거절하였다."[27]

대동아선교회는 내선일체의 구실로 자신들의 선교회에 한국 선교사

---

27) 방지일, 『나의 나됨』(2005), 79.

들이 가입하도록 강요한 것이다. 한국 선교사들은 산동에서 그 어느 선교회보다 사역을 활발하게 전개해 큰 성과를 이루고 있었다. 일본인 목사들은 언어도 안되고 중국교인들의 무관심을 모면하고자 이렇게 한국 선교사들을 회유해 자신들의 선교회에 가입토록 한 것이다.

1939년 함께 일하던 김순호 선교사가 본국으로 소환되었고, 방지일과 이대영만이 남아 지속적으로 선교했다. 이 때 방 목사는 중가와(仲家窝) 교회를 개척했다. 평양숭실대학 시절부터 목회경험을 많이 쌓은 그는 이 빈민지역에 교회당을 세워 교회가 자립할 수 있도록 목회했다. 이외에도 소촌압(小村壓), 오가촌(吳家村), 태평진(太平鎭), 추평로(皺平路)에 차례로 교회를 개척해 좋은 성과를 거두며 교구를 점차 넓혀 나갔다.[28]

1945년 일본이 항복하고, 그 동안 일본이 빼앗아 갔던 교회의 강대상, 의자, 종 등 교회기물을 되돌려 받았다. 심지어 일본군이 중국인 자립교회를 빼앗아 '일연종(日蓮宗)'이라는 불교사찰로 사용한 것을 되찾아 중국인에게 돌려주고 대성회를 여는 감격스런 기회를 갖기도 했다.[29]

해방을 맞아 귀국하려는 조선동포들을 도와 청도에서 교민자치회를 조직하고 또한 한국학교를 설립해 교장을 맡았다. 청도는 당시 미군정이 실시되는 지역으로 이곳을 통해 고국으로 돌아가고자 많은 동포들이 몰려왔다. 이런 동포들에게 고국으로 돌아갈 수 있는 도움과 남은 동포들에게 식량을 공급해야 했기에 방 목사는 그 때를 회상하며 말하길, "참으로 분골쇄신 일하느라 24시간이 부족할 지경이었다. 지금 생각해보면 어떻게 그렇게 살았는지 참으로 알 수 없는 일이다."[30]고 했

---

28) 한중식, 『현대의 욥 방지일』 (2003), 29.
29) 장석경, 『중국선교사 방지일 목사의 생애와 목회사역 연구』, (미간행학사논문, 서울장신, 2000), 17에서 재인용. 방지일, 『복음역사 반백년』, 105-107.
30) 방지일, 『나의 나됨』 (2005), 84.

다. 이 모든 것이 하나님의 은혜로 된 것임을 떠올리는 목사님의 모습이 기억된다.

이외에도 국, 공 내전으로 인해 청도로 몰려든 난민을 구제하기 위해 죽창을 설치했다. 이런 과정 속에서 이대영은 1948년 잠시 귀국해 선교보고를 하던 중 1949년 신중국의 성립과 함께 다시 중국에 돌아가지 못했다. 이 때문에 방 목사 혼자 청도에 남게 되었다. 그는 본국의 회국 명령을 받아놓았지만, 당시 공산당의 핍박으로 자신의 주변으로 몰려드는 중국교인들을 보며 이렇게 소망이 없는 그들과 그저 함께 있고자 하는 마음으로 1957년까지 중국에 남아 있었다. 아마도 그 시기는 온갖 핍박과 고난을 거쳐야 하는 어려움이었다. 그러나 그는 마지막까지 중국을 떠나지 않았다. 결국 공산당은 1957년 방 목사에게 홍콩으로 퇴거하라는 명령을 내렸다. 이 때문에 그는 홍콩을 걸쳐 9월 22일 부산에 도착함으로 귀국할 수 있었다. 21년간의 중국선교를 마무리하면서 그는 이 모든 것이 하나님의 은혜로 가능했음을 고백하고 있다. 이후 그는 영등포교회를 담임했고, 장로회 총회장을 역임하기도 했다.

5. 숭실과 중국선교

한국기독교의 해외선교는 대부흥운동과 밀접한 관련을 맺는다고 볼 수 있다. 이 대부흥운동의 중심은 당연 평양이었다. 평양은 한국의 예루살렘이라는 호칭을 얻을 정도로 기독교가 발달된 지역이었다. 특히 평양은 1907년 1월 장대현(章臺峴)교회에서 열린 사경회를 통해 한국교회 대부흥운동의 중요한 기점이 되었다. 원산에서 시작한 회개운동이 1907년 1월 평양 장대현교회의 사경회를 통해 더욱 크게 확대되었다.

당시 길선주 장로(이후 목사가 됨)는 사경회 마지막 날(1월 15일) 새벽기도회에서 성령의 임재를 느끼고 세례 요한처럼 회개의 메시지를 선포했다.[31)]

이렇게 시작된 대부흥은 평양숭실대학에서도 동일하게 일어났다. 당시 숭실대학에서 일어난 부흥운동을 이렇게 묘사하고 있다. "모든 학생들은 얼굴을 땅에 대고 몸부림치며 엎드려 회개의 기도를 했다. 때때로 그들은 그들의 얼굴을 머리와 손으로 마루를 쳤다. 그들은 고뇌 가운데 몸부림쳤다. 살인 간통 그리고 방화 술주정 절도 강도 거짓말에서부터 증오 멸시 시기에 이르는 온갖 불결함이 드러나게 되었다. 이 얼마나 수치스럽고 역겨운 일들인가 어떤 인간적인 권력도 이런 것들을 밖으로 들어내어 고백하게 할 수 없다. 많은 한국인들도 그들이 들은 것에 대해서 소스라치게 놀랐다."[32)]

학교는 며칠 동안 오로지 성경공부, 기도, 전도집회만을 행했다. 이렇게 불일 듯 일어나는 부흥운동에 대해 당시 교사인 북감리교 선교회의 베커(A.L.Becker)가 증언하길, "10명 중 9명 정도의 학생들이 깊은 감동을 받았다. … 많은 학생들이 전도자가 되어 …그 도시와 인근 시골지역의 교회들뿐만 아니라 멀리 제물포와 공주까지 부흥의 불씨를 날

---

31) 길진경, 『영계길선주(灵溪吉善宙)』(서울:종로서적, 1980년), 192-93. "길장로의 설교가 있은 뒤 집으로 돌아갈 사람은 돌아가라고 했다. 그러나 근 6, 7백명이 기도하기 위해 남아 있었다. 우리와 몇몇 선교사들은 길씨와 주씨 두 사람을 위해 특별기도를 했다. 그들은 그들의 생활에서 회개할 것이 있었기 때문이었다. 그런데 갑자기 길씨가 일어나 자신은 형제들을 질시했음 뿐 만 아니라 특히 방위량(W.N.Blair)선교사를 극도로 미워했음을 회개한다고 하며 보기에도 비참할 정도로 땅바닥에 굴렀다…. 한 교인이 또 일어나 자신의 죄를 자복하기 시작하였는데 그는 음란과 증오, 특히 자기 아내를 사랑하지 못한 죄 뿐만 아니라 일일이 다 기억할 수 없는 온갖 죄를 자복하였다. 그는 기도하면서 스스로 억제할 수 없을 정도로 울었고 온 회중은 따라 울었다. 우리는 그 순간, 살아계신 하나님 앞에 있음을 분명하게 느꼈다."

32) 이만열, "1907년 평양대부흥운동의 역사적 의의"(http://blog.naver.com/PostView.nhn?blogId=e_library&logNo=120055219833, 2017년 7월 17일)

랐다."[33] 이와 같이 대부흥운동은 개인적 내면의 죄를 회개할 뿐만 아니라 사회도덕적으로 이웃에게 피해를 입힌 행위에 대한 뉘우침과 용서를 비는 실천적인 회개운동으로 전개되었다.[34] 한국기독교는 부흥운동을 통해 기독교의 순수한 신앙과 정신을 한국기독교에 뿌리내릴 수 있었으며, 한국교회와 교인의 도덕적 향상에 크게 기여하며 성경공부와 기도의 열심을 더욱 고양시키는 계기가 되었다.

교회사학자 라투렛(K.S.Latourette)은 이 대부흥운동을 뚜렷한 종교적 운동(remarkable religious movement)이라고 지칭하면서 이 운동이 만주에서도 일어났다고 했다.[35] 중국 요양과 봉천에서 선교활동을 하고 있던 장사정(張賜禎)과 호만성(胡萬成) 목사 등이 평양부흥운동을 직접 목도하고 돌아가 중국교회의 부흥과 재건을 위해 부흥사경회 운동을 전개했다.[36]

이후 이 부흥운동의 여파로 1907년 9월 17일, 평양 장대현교회에서 장로교 최초로 노회가 결성되었으며 평양신학교 1회 졸업생 7인 중 이기풍(李基豊)을 제주도 선교사로 파송했다.[37] 그리고는 1912년 조선예수교장로회 총회가 창립될 때 황해(黃海)노회의 헌의로 외국에 선교사를 파송하기로 결의했다.[38] 황해도 재령읍교회 위임목사이자 제3회 황해

---

33) 해리 로즈, 최재건 옮김,『미국 북장로교 한국선교회사 1』(연세대학교출판부, 2009), 280에서 재인용함.

34) 한국기독교역사연구소,『한국기독교의 역사 I』(서울:기독교문사, 2008), 271.

35) K.S.Latourette, *A History of Christian Missions in China* (cheng-wen publishing, 1966), 574.

36) 한국기독교역사연구소,『한국기독교의 역사 I』(서울:기독교문사, 2008), 273.

37)『조선예수교장로회독립회의록(朝鲜耶稣教长老会独会会议录)』(1907年), 18-19.

38) 황해(黃海) 노회록에서 다음과 같은 기록을 찾아 볼 수 있다. "전도위원 김익두 씨가 보고하기를 우리 노회의 은혜 받은 것과 이 세상 어두운 것과 예수께서 마지막 명령하신 것을 생각하니 외국전도 아니할 수 없은즉 총회에 헌의하여 청국 중에 말을 지경을 얻어 가지고 복음 전파하기를 청원하되"

노회 서기(書記)였던 박태로 목사를 첫 선교사로 선택해 1913년 5월에 파송했다.

이와 같이 부흥운동은 한국기독교의 성장뿐만 아니라 복음전파의 책임까지 가져오는 선교와 관련이 있으며, 이 여파는 부흥운동의 한 진원지 역할을 한 숭실대학의 사람들에게도 영향을 미쳤다. 1901년 숭실중학과 1907년 숭실대학을 입학했으며 이후 감리교 목사이며 중국 동북 삼성의 선교사로 파송(1910)되어 독립운동가로도 활동한 손정도(孫貞道)는 평양을 중심으로 대성회의 선풍을 일으키는 하디(R.A.Hardie, 河鯉泳)[39] 목사의 설교를 듣고 엄청난 감화와 감동을 받았다. 그 때의 일을 다음과 같이 기록하고 있다.

> "부흥회를 통해 큰 감동 감화를 받은 그는 끓어오르는 믿음에 대한 열정을 억누를 수가 없는 상황에 있던 중, 어느 날 새벽기도를 하면서 사도행전 20장 6절에서 8절까지의 말씀을 보다가 베드로가 주께 요구한 사정에 동감하면서 국가가 가져야 하는 자주독립과 국민이 가져야 할 민족주의의 필요성을 느끼게 되었으며 이를 위해 신앙 자유의 용기로써 화평한 복음을 전하여 진리와 정의를 통해 선한 싸움을 해보겠다는 결심을 하나님께 약속하게 되었다."[40]

숭실의 인물들 가운데, 그는 중국선교사로 파송되어 중국에서 활동한 사람이며 또한 민족독립에 애쓴 사람임을 알 수 있다. 평양숭실은 또한 북간도지역 선교와도 밀접한 관련을 지녔다. 위에서 소개한 손정

---

39) 캐나다 출신 의료선교사로 남감리회에서 파송되었다.

40) 김창수, 김승일,『해석 손정도의 생애와 사상 연구』(넥서스, 1999), 47에서 재인용함.

도 목사뿐만 아니라 이권찬 목사는 용정 은진중학을 졸업하고 1925년 숭실전문학교 문과에 입학했다. 그리고 1930년 숭실전문학교를 졸업하고 1931년에 평양장로회 신학교에 입학했다. 이렇게 북간도에서 자라 평양으로 와 숭실과 신학교를 수학하고 다시 북간도로 돌아가 훈춘중앙교회 그리고 이후 용정 동산교회를 맡아 목회를 했다.[41] 평양숭실의 여러 인물들이 이렇게 북간도지역 기독교선교와 북간도지역에서 민족운동과 밀접한 관련을 지녔다.

이외에도 방지일 목사와 밀접한 관계를 지닌 권세열(Francis Kinsler)은 1928년 숭실전문학교 교수로 부임한다. 그는 숭실학교에서 성경을 가르치면서 평양 서쪽 지방인 평서노회에 속한 교회들을 돌보는 선교사역에도 힘을 기울였으며 또한 내몽고 지방에 두 차례 선교 현지답사를 다녀올 정도로 내몽고선교의 열정을 지니신 분이었다. 비록 일본이 만주 침략을 본격화하면서 몽고에 갈 수 없었지만 그는 극동 복음화의 구현을 위해 헌신적으로 정예의 지도자를 양성하는 일인 숭실전문학교와 평양장로회신학교에서 후학을 양성했다.[42]

방지일, 손정도, 이권찬, 권세열 등 평양숭실과 관계된 많은 사람들이 숭실에서 배웠던 기독교 정신을 지니고 한국교회뿐만 아니라 중국에서도 기독교전파의 중요한 역할을 감당했다. 이외에도 박형룡 목사는 1920년 평양숭실대학을 졸업하고 중국 남경(南京)의 금릉신학교(金陵神學校)에 입학해 공부하기도 했다. 김경하(金京河) 목사도 1918년 평양숭실대학을 졸업하고 1921년 금릉신학교를 입학해 신학을 공부하다가 중국 산동성 등현(藤縣)에 있던 화북신학교(華北神學校)로 전학하고 1924년 12월에 졸업했다. 화북신학교 신학생 시절 방학기간에 중국 산동성 창

---

41)『인물로 본 숭실100년』 제2집(숭실대학교, 1997), 285-305.
42) 위의 책, 217-31.

구(倉溝)와 태아장(太兒莊)교회에서 전도경험을 한 인물이다. 평양숭실과 중국은 기독교선교뿐만 아니라 민족독립운동의 기지 그리고 더 나은 배움을 추구하는 유학의 길을 열어가는 곳이기도 했다.

6. 한국기독교의 중국선교에 담긴 의미

한국기독교는 복음을 받아들인 지 30년도 안되어 당시 서방중심의 해외선교에 뛰어들었다. 비록 서방교회와 달리 선교경험이 부족하지만, 분명 산동선교만으로 살펴보면 한국기독교의 산동선교는 충분한 의미를 지닌다고 본다.

먼저 한인선교사는 산동지역 서방선교사들의 기초 위에서 구별된 선교정책을 실시할 수 있었다. 산동은 이미 한인선교사보다 60여 년 전 서방선교사들이 들어와 선교한 지역이었다. 그러나 이 60여 년의 성과는 그리 좋지 못했다. 방효원도 이에 대해 말하길, "산동에서 양선교사가 60년 동안 선교하면서 백만의 금전을 허비하고 무한한 공력으로 선교하며 별반 슈단(수단)과 애를 썼으나 때가 되지 못하고 전도의 문이 미개하였다"[43] 이 때문에 서방선교사들의 거대한 금전도 무용하고 고명한 학식도 무효하며 애씀도 불능이다. 더욱이 서방선교사들 대부분 도시에서만 선교한 것이 별 효과가 없다고 보았다. 산동인구 10분의 8이 향촌생활로, 이 많은 향촌인민이 복음을 받지 못했다.[44]

한인선교사들은 이런 서방선교사들의 선교를 반성하면서 이들이 지

43) 방효원, "중화민국산동성래양선교보고", 1920년 10월 9일, 3.
44) 방효원, "산동선교에 대하여",『게자씨』(제65호, 1937), 14-16.

난 과거에 보여줬던 성과는 산동선교의 기반이 되었으며, 이 기반 위에서 한인선교사들이 산동선교에 효과를 얻을 수 있었다고 평가했다.[45] 특히 한인선교사들은 선교하는 일을 신령하게 하고 교인을 잘 양성하고 거룩하게 하며, 주일성수, 금주, 아편금지 등 그 선교활동에서 적극적이며 열심이었다. 이 때문에 전부터 그 지경에서 선교하는 미국선교사들에게 명예를 얻었다. 그뿐만 아니라 중국교인들에게서도 이런 칭찬을 얻었다. 더욱이 한인선교사들은 교회의 자립을 강조해, 신도들에게 교회의 건축, 조사의 월급 등 마땅히 행해야 할 책임을 가르쳤다. 이것은 분명 과거 서방선교사에게 의존해 실제적으로 자립이 실현되지 못한 중국교회에 도움이 되는 선교정책이었다.[46]

또한 한인선교사들은 향촌선교를 중시해 과거 서방선교사들보다 큰 성과를 이루었다. 특히 독특한 전도방법을 통해 향촌사회에 접근해 복음을 전파했으며, 향촌교회의 자립을 위해 부녀도리반, 식자운동 등 신도의 수준을 끌어올리는데 노력했다. 이와 같이 한인선교사들의 산동선교는 지역교회발전을 중심으로 전개되었다. 서방선교와 비교해 사회공헌도가 낮지만, 분명 한인선교사들이 산동선교에서 보여준 효과, 성과는 중화의 선교방침을 개혁할 정도였다고 볼 수 있다.[47] 한국기독교처럼 어린 교회가 해외 즉 중국선교에 참여했다는 것도 의의며 또한 한인선교사들처럼 자립정신에 기초해 중국기독교에게 모델을 제시해 주는 선교도 없을 것이다. 그들은 먼저 중국교회가 자립정신이 취약하다고 보았는데, 서방의존성이 큰 것이 현 중국교회의 위기이며, 이런 위기에 대해 중국교회가 방관적 태도를 취하거나 지나친 간여라고 거절하

45) 방효원, "중화민국산동성래양선교보고", 3.
46) 방효원, "중화민국산동성래양선교보고", 3-4.
47) 방효원, "산동선교에 대하여", 36.

는 태도를 견지했다고 평가했다. 이를 해결하기 위해 한인선교사들은 중외제휴(中外携提)이며 미래적 입장에서 경제의 자립, 행정의 자치, 사업의 자전을 주장했으며 각 종파가 이 정신에 순응해 노력해야 한다고 여겼다.[48] 한인선교사들의 이런 모습은 실제 주변 중국목회자들에게 자극이 되어 "조선교회를 배우고자"하는 열망을 갖게 했다.

특히 한인선교사들이 래양에서 보여준 자립정신은 더욱 두드러지는데, 예를 들어 교회당의 건립에 중국신도의 봉헌을 중요하게 여겨 중국신도에게 교회를 사랑하게 했다.[49] 분명 서방선교사들은 선교의 문이 열리기 전 금전과 학식 등을 통해 선교에 노력했다면, 한인선교사들은 어느 정도 이런 서방선교사들의 노력에 의해 이미 열려진 중국선교에서 보다 교회의 자립정신을 세우는 쪽으로 선교를 진행했다고 볼 수 있다. 이런 면에서 한인선교사들이 주장한 자립은 교회의 본질, 복음전도와 교육 등에 중점이 맞춰져 있었다.

또 한 가지 의의는 동일한 동방(한어)문화 속에서 성장한 두 교회(중국교회와 한국교회)의 비교를 고찰했다는 점이다. 박상순은 중국교회와 한국교회의 특질을 비교했다. 1)협력적 추세와 병작(竝作)적 추세: 외국선교회사업단체에 많은 중국인의 활약을 보게 된다. 모든 의사는 개방적이며 공론적이다. 피아의 차별을 느끼지 못한다. 어떤 때는 선교사들의 입장을 돌아보지 않는 과분한 태도를 중국인 측에서 보인다. 우리 교회와 선교회 간에는 너무 지나치게 분가적 상태를 서로 가지고 있다. 2)중앙집권과 지방분권: 중국교회의 총회나 협회기관에는 폐회중간에도 회무를 속행하는 상무기관이 조직되어 있다. 매년(항시) 유급직원이 있어 대내대외 사무를 집행한다. 이와 반대로 지방교회는 너무 허약

48) 박상순, "중국교회의 현재와 객관적 고찰", 『신학지남』(제20권 제4호, 1938년 7월), 46.
49) "산동선교처통신함", 『기독신보』(1927년 1월 17일).

해 그 정신과 실력으로 상회를 지지하지 못하는 현황이다. 3)인물중심과 회의중심: 우리교회는 어떤 사업을 경영하기 위해 회의체 조직이 필요행사이다. 중국교회는 이에 대한 집행인재가 필요조건이다. 이에 각각 일득 일실이 있다. 4)외교사업과 내무사업의 각능: 중국교회는 외교사업을 잘한다. 대외적 기관이 정돈되어 있다. 심지어 외국으로부터 공헌하는 사업위탁금도 이 기관을 거친다. 우리교회는 내무가 정돈되었다. 치리행정이 정돈되고 각종 사업기관이 완비되었다.[50] 이와 같은 두 교회의 비교고찰은 당시에도 지금에도 두 교회의 모습을 관찰하여 상호보완하며 보다 건전한 교회를 설립하는데 중요한 관점을 제공한다고 볼 수 있다.

7. 맺는말

이상으로 우리는 방지일 목사의 삶과 숭실과의 관계 그리고 그의 중국선교에 대해 살펴보았다. 이와 더불어 평양숭실이 북방선교와 얼마나 많이 직·간접적인 관계를 지니는지도 그리고 이를 통해 근 반세기 동안 이어져온 한국기독교의 산동선교에 지닌 의미가 무엇인지도 살펴보았다. 방지일 목사는 가정에서의 신앙적 영향뿐만 아니라 숭실에서의 다양한 경험과 신앙적 도전 등을 통해 유학의 길보다 복음사역의 길을 여는 선교를 결정했다고 볼 수 있다. 한 영혼을 천하보다도 소중하게 여기며 그리스도의 마음으로 다가가는 모습은 그가 숭실학교에

---

50) 박상순, "중국교회의 현재와 객관적 고찰", 47-48.

서 또한 중국선교에서 보여줬던 일관된 자세였다. 그는 늘상 이야기하길, 이 모든 것이 하나님의 은혜로 이루어졌다는 고백은 하나님께서 그의 삶과 사역 가운데 함께하셨음을 알 수 있는 대목이라고 본다. 흔히 방지일 목사를 한국의 허드슨 테일러 또는 중국선교의 아버지라고 부른다. 그가 살아왔던 삶과 사역에서 녹아난 부름이라고 생각한다. 그는 중국선교의 귀감이 되시는 분이었고 숭실이 자랑할 수 있는 한국기독교의 인물이라고 생각한다. 이런 방지일 목사를 숭실은 다시금 기억해야 할 것이다. 서울숭실의 재건소식을 들으시면서 죽었다가 다시 산 대학이라고 하실 정도로 숭실대학에 갖는 남다른 애정이 숭실인 모두에게 들려지길 바란다.

제2부

구술채록문

-방지일 목사의 숭실관련 육성증언기록

일시 | 2014년 4월 24일 10:00-12:00

장소 | 서울 발산동 실버타운 방지일 목사 사택 거실

구술 | 방지일 목사

채록 | 설충수 교수

촬영 | 김재현(숭실대방송국)

1. 숭실인 방지일 목사와의 인터뷰

설충수: 평양숭실학교 117주년 그리고 서울재건 60주년을 기념해서 우리학교가 숭실뿌리찾기운동을 하고 있습니다. 숭실의 인물들, 숭실의 역사와 인물들에 관련해서 저희가 많이 찾아 뵙고 녹취도 하고 인터뷰도 하고 그리고 살아계셨을 때에 숭실학교에 관련된, 평양숭실학교에 관련된 기억들을 저희가 좀 영상으로 남기고 기록으로 남기려고 노력을 하고 있습니다. 그래서 목사님, 먼저 인터뷰에 응해주셔서 감사합니다. 목사님 약력은 저희가 따로 소개를 하도록 하겠습니다. 목사님! 한국의 욥이라고 호칭을 받으시는 거 기억하시지요?

방지일: 욥! 뭐 그렇게 까지야

설충수: 고난 속에서 목사님 평양에서의 숭실학교 뿐만 아니라 일제 식민지 기간 동안에 학교를 다니셨고 어려운 시기에 중국에 가셔서 중국선교를 20년간 하셨고 다시 한국에 돌아오셔서 한국교회의 좋은 지도자 모습을 보여주셨고, 좋은 신앙의 모습을 보여주셔서 너무나도 감사하고. 그래서 많은 신앙의 후배들이 목사님을 욥이라고 한국의 욥이라고 칭할 정도로 좋은 신앙의 모습을 보여주셔서 감사합니다. 목사님 평양숭실학교 가실 때에 목사님 원래 숙부님이 세브란스 의전을 가라고...

▌1930년 3월 5일, 숭실학교 다닐 때[51]

2. 조부의 신앙에 대해

방지일: 그때로 말하면 세브란스 지금과 같이 경쟁이 아니라 그때는 옛날이 아니오 세브란스에 가는 것도 나는 교계의 목사 아들이고 하니 교계에 있는 사람은 가리만큼 여건이 좋았어요. 나는 신앙은, 중학교 그 때에 수학을 좀 잘해요. 기하든 삼각이든 만점을 받아요. 그때에 우리 아버지는 중국선교사로 가 계시고 아버지 안 계시고 나는 할머니 할아버지 수하에서 자라난 사람이예요. 내 생모가 날 낳고 곧 떠나서 내 할머니 손에

51) 여기서 소개된 모든 사진은 (사)방지일목사기념사업회에서 제공했음을 밝히고 사진자료는 무단으로 사용하는 것을 금함을 알립니다.

서 자라나서 거기서 공부를 하는데 내 할아버지는 우리 가정의 할아버지는 아브라함과 똑같은 이예요 믿음이 좋으시고 별로 배운 거는 없지만.. 내 우리 할아버지 역사는 내가 좀 써 놓으면 좋겠는데 힘이 없어 못쓰지. 우리 할아버지는 항상 하늘 처다 보며 살아요. 이게 우리 민족적으로 보면 히브리 유대사람도 목이 곧아요. 그것 참 모세가 큰 일을 했어도 출애굽에서 만나를 메고 나왔지만 그들은 패악하고 하나님을 배반하고 하나님을 원망했어요. 그래서 모세도 마침내 내가 이 백성을 낳았습니까 불평도 하지 않았나요? 그만큼 유목민족들은 교만해요. 양젖만 짜먹는 사람들은 도리도리밖에 안 해요. 도리도리 몰라요? 모세도 도리도리 했어. 그 공주의 아들로 앞으로 애굽의 왕이 될 사람이지만 자기 동포가 억울하게 당하는 모습을 보고 그 마음이 너무 의분해 있다가, 그 출애굽기 2장 12절에 보면 모세가 좌우로 살펴보다 아무도 없어요. 하늘을 쳐다 보면서 하나님이 계신 걸 모르고 좌우로 보면 아무도 없어요. 이 놈을 때려줘. 뭐라도 깨어나게. 그 다음에 얼마 있다 보니 애굽사람한테 매맞던 사람들이 동포들끼리 서로 싸운단 말이야. 모세가 너무 분해서, 여보시오 여기서 우리끼리 애굽사람한테 이렇게 천대받는 것도 억울한데 당신 이럴 수 있소? 엇, 얘가 애굽사람도 죽이더니 이제 우리도 죽일려고 그래. 그래서 바로가 이 히브리사람들을 죽여버려요. 그래서 망명해서 미디안에 가서 게하난 이드로의 양을 봐주고 있다가 그 딸하고 장가가지 않았소? 모세가 아주 도리도리 했단말야.

설충수: 할아버지의 신앙이 마치 모세의 신앙 같았군요?

방지일: 그런데 우리는 동양사람은 그게 농업, 농경민족은 항상 위

를 바라봐. 북두칠성이 우리 할아버지 말 따라 항상 높은 곳에 있잖아. 피난 많이 다녔잖아 항상 할아버지랑 사니깐 맨날 별만 바라 본다니깐. 이 농경민족은 별을 바라봐 항상 하늘을 바라봐. 하나님이 빛을 주셔야, 하나님이 햇빛을 주셔야 산단 말이야. 거기서 나온 농경민족은 하나님을 경외한다고, 그러기 때문에 예수를 영접한 동방박사도 출애굽박사라고 하지 않고 동방박사라고 했어. 아마 한국사람, 설목사의 친척 중인지도 모르지.(웃음) 그래 동방박사 세 사람이 갔거든. 이 농경민족은 하나님을 경외하는 사람이고, 이 유목민족은 사방만 바라봐. 이리가 오나. 양을 잡아가니깐 몽둥이로 이리 내쫓고. 그러기 때문에 도리도리 해. 옛말에요 아이들 키울 때 도리도리 시키지 말라고 했어. 끄떡끄떡 시켰어. 요즘에 난 이 성경도 내가 성서공회에서 25년이나 봉사하고 위원장도 하고 이사회도 했지. 그런데 내가 그거 결사 반대했어. 성경을 읽을 때 이거 과행이다. 우리 동양 글이기 때문에 그 내리 읽는 거 아니요. 옳구나 옳구나. 그런데 요즘 공산당 들어온 다음에 신문도 다 횡서요. 횡서가 뭐요? 다 도리도리요. 그럴까. 그 오병이어로 오천명을 먹이고 열두 광주리가 남았어. 아 그럴까 그럴 수가 있나 물리적으로. 예수께서 동정녀 마리아에게서 태어나지요. 그렇게 처녀가 아기를 나? 모두 도리도리요. 그게 서양문화요. 우리 동양문화는 끄떡끄떡 이요. 그래서 나는 우리 할아버지는 정말 훌륭한 이에요. 항상 하늘만 쳐다 보고 사니.

설충수: 예수 믿었기 때문에 고향에서 힘든 일은 없으셨습니까?

방지일: 우리 할아버지는 예수를 믿기 때문에 우리 온양 방씨 250호만 한 동네에 살아요. 다른 사람은 없어요. 살다가 다 다른

데로 가요. 그런데 우리 방씨만 사는데 거기서 예수를 믿기 시작했어요. 117년전에요. 그런데 우리 방씨들이 요거 조상에 제사 안 할려고 한다며 핍박을 하는 거예요. 내 할아버지의 아버지, 내 증존데 세상 떠났어. 그래서 교회례로 장례를 했단 말이여. 그런데 아 요거 그렇구나. 제사 안 할려고! 하며 우리를 방씨에서 내쫓았어요. 뭐 알몸으로 내쫓겨서 수백리 수십리 나가서 집도 얻지 못하고 그렇게 해서 거기서 땅굴을 파고 살면서 농사는 누가 농토를 줘야지. 그래도 여러 사람들한테 가서 내가 잘해서 꼭 절반씩 줄 건데 농토를 내달라고 했지. 예수쟁이 주일날 일 안하고 뭘 먹고 살지 하니 하나님 믿고 살지 뭘 해도 답 하셨다. 그래도 어떤 집에 가서 비웃는 걸로 아무개 땅이 있는데 거기 니네 땅이야, 거긴 땅이 아니야 밭이 아니야 돌밭이야. 그거 어디 해볼려면 해 보라우. 조소야 비웃는 거야. 아 그렇습니까. 그걸 밤낮으로 가서 돌을 담아내고 옥토로 만들었어. 거기 소작을 해서 절반을 주고. 아 이거 뭐이여. 아 거기서 나는 감. 아 이것 봐라 예수가 정말 복을 주었구나. 그래 땅을 주어서. 우리 할아버지는 남의 땅 소작농을 해서 자기가 오형제 육남매이여. 그래 아들을 똑같이 못 키웠어. 그런 분이어요. 이거 다른 말이지만 그런 할아버지였어. 우리 동양사람과 서양사람은 농경민족과 유목민족은 달라. 농업민족은 하나님을 중요시했어. 항상 하늘 쳐다 보고 유목민족은 하늘 안 쳐다봐요. 사나운 짐승이 양 안 잡어 가기 위해 뭉둥이로 획 때려 쫓고. 하나님 경외하는 게 부족해요.

3. 목사가 되기 위해 숭실로

설충수: 목사님 그러면 할아버지의 어떤 신앙적 영향 때문에 세브란스 의전을 포기하고 숭실대학에 가셨나요?

방지일: 내가 이전까지 말했지만 내가 수학을 잘했어. 백점 맞었거든. 그런데 방군 머리가 좋아. 그걸 우리 숙부들이 알고서 세브란스 보내사 세브란스 보낼 수 있단 말이야. 그렇게 할려고 했단 말이야. 그런데 그게 안되고. 우리 할아버지한테 이야기 안하고 우리 할아버지는 이래라 저래라 말씀 안 해요. 우리 할아버지랑 같이 자고, 같이 새벽기도 가고, 같이 기도하고, 할아버지 신앙을 내 몸에 받았지요. 그리고 중학교 졸업하니 세브란스 가겠지 한 거지요. 그런데 아니 나는 평양숭실 가겠다. 아 요거 세브란스 가기 쉽지 않은 것을 다 해 놓았는데. 아 나는 평양숭실하고 신학교가겠다. 그러니 깜짝 놀라지? 아버지가 목사고 그런데 숙부들이 너 신학하지 말라고 그럴 순 없잖아. 그래서 숙부들이 손 들었어. 내 맘대로 할꺼요 했지.

4. 질병의 치유를 경험함

설충수: 젊었을 때 폐가 좀 안 좋아서 병을 앓으셨다가 치유되신 적이 있으셨지요?

방지일: 나는 모유를 못 먹고 자랐단 말이야. 어머니가 날 낳고 얼마 있다가 떠나셨다구. 그래서 할머니 손에 자랐어. 할머니가 날 뭘 먹였나면, 밤, 밤 있잖아. 밤이래도 그냥 밤이 아니라 알밤 떨어진 거. 그것만 골라서 독에 재워놓고 일년에 밤을 몇 독씩 먹고 자랐단 말이야. 밤을 삶아 먹기도 하고. 할머니 날 그

렇게 길렀는데, 초등학교 1학년 때 봄에 소풍 가잖아요. 한 정거장가면 동네 폭포가 있는데 폭포에 간다 했어요. 너무 기뻐서 집에서 아침 먹지도 않고 할머니가 밤, 거 삶아준 거 집어넣어야겠다. 아 차를 타서 봄에 날씨가 쌀쌀하잖아요. 밤을 먹은 게 체했단 말이어요. 그 한 정거장 가서, 가자마자 여교사의 품에 안겨서 다 토하고 그러더니 날 데리고 못 가고 도로 집으로 보냈어. 그것이 체기가 있어서 여러 가지 병원의 약도 많이, 주사도 많이 맞았지만, 조금만 하면 체하고 밤에 잘못 먹으면 체해서 방을 돌며 앓았지. 집에서 우리 할머니가 날 위해서 고생 많이 했지. 병원의 약도 안되고 하니, 민간요법으로도 뭐 안 먹어 본 거 없어요. 그래서 몇 해 동안 고생을 많이 하고 저 사람구실 못한다 집에선 그렇게 생각했어요. 그래서 내 고생 많이 하다가 기도하기 시작했단 말이야. 선천에 대목산이 있고 아주 경치가 좋아요. 새벽에 일찍 가서 솔나무 아래 가서 기도하다가 밝으면 성경보고 내려온다고. 그게 한 2키로, 3키로 쯤 될 거야. 이렇게 왔다 갔다 4키로 십리 되지 않아요. 이게 내겐 운동이 되는데 아 글쎄 병이 낫고 말았어. 그 다음 난 약도 안 먹겠다. 하나님이 날 고쳐주신 거 이제 내가 약 먹깐? 약도 안 먹고 내가 조카들 데리고 있었어. 내가 머리 아프다고 하면 사리돈 가져와서 자꾸 먹으라고 하지, 그런데 내가 안 먹었어. 내가 지금은 약을 먹지만 젊었을 땐 약도 안 먹었어요. 내 그런 병이 있었는데 하나님께서 은혜로 고쳐주셨어. 낫게 했다고 그렇게 믿어요.

5. 윤산온(맥큔)교장에 대한 회상

▌윤산온(맥큔 McCune) 목사

설충수: 그런 어떤 신앙의 체험이 평양숭실학교를 가게 된 계기가 되었다고 생각합니다. 병도 고쳐주고 할아버지의 신앙의 영향도 있고 그래서 굳이 세브란스 의전을 가지 않으시고 숭실학교에 가셔서 신학을 할 수 있는 길들을 (방: 물론 신학하러 간거지) 물론 목사님, 신학을 평양신학교를 다니시면서 하셨지만 평양숭실학교를 다니시면서도 목사님에게 어떤 특별한 영향을 미쳤던 일들이 있었는지 궁금합니다.

방지일: 지금 젊은이들이야 내가 암만 설명해도 못 알아듣지요. 맥큔 윤산온 그는 좌우간 우리 학생 백 여명 밖에 되지 않지만, 학생들을 얼마나 업그레이드하는지 몰라요. 특별히 신앙적으로도 그렇고, 운동으로도 축구도 좌우간 숭실대학 축구가 전국

에 일등하지 않았어요? 그래서 뭐 그때 그 생각을 하면, 군악대가 있는데 평양성을 쫙 돌고 평양공설운동장에서 밤새 캠프파이어를 하고 불놓고서 교가를 부르고 군대와 같이 시가를 행진해서 전국의 일등을 (한 것을 자랑했지요). 아 지금 생각하면 훤해요. 아 그런데 그런 격려를 닥터 맥큔은 목사요 서양사람이지만, 뭐 사람에게 충격을 주는 힘이 있어요. 뭐 우리 숭실학교는 백 여명 밖에 안되지만, 축구선수가 있지 않아요? 김익두 목사 아들이 우리 축구선수로 몇 해 전에 안양에서 죽었지만 전국에서 일등이어요. 우리 팀장이 되었지. (맥큔은) 그런 학생들을 선동시키는 힘이 있어요. 윤산온 목사의 힘이 커요. 그가 신성학교 제1회 졸업생이 내 아버지요, 신성학교의 선천은 소도의 조그만 고을 아니요? 한 이천 명밖에 안되는데, 다 기독교인 아니오? 주일날 가게 문 연 적이 없어요. 그런데 우리 아버지는 육남맨데 아버지가 맏아들 아니오? 맏아들을 공부 시킬려고 선천으로 와서 신성중학교 일회 졸업생이에요. 얼마나 그 때 학교졸업이 처음이었는지 말타고 시가행진을 다 했어요. 우리 아버지는 1회 졸업생이고 나는 19회 졸업생이에요. 신성학교 공부시킨 것이 우리 할아버지 때문입니다. 우리 아버지 공부시켜서 신성학교 졸업하고 평양신학교 나가서 평양신학교 8회 졸업생 아니요? 그렇다고.

아래는 윤산온 교장에 대해 방지일 목사의 추가 설명을 덧붙였다.

마펫이 그 인재를 알아 평양 숭실중, 대학 교장을 겸임케 하였다. 겸직 교장으로 중학에 갔다 대학에 왔다 하시며 그

채플엔 꼭 참여하여 사회하면서 그 신앙의 격려, 젊은이들의 사기를 돋우는 데는 그의 큰 기술이라 할 것이다. 운동을 크게 장려하여 숭실중학의 축구는 전 일본 중학에 제 1위에 올라 일본 국내뿐 아니라 세계적으로 평판이 있었다. 전국 축구대회에 숭실학교가 우승했을 때 교장 자신이 선수와 같이 살았다. 그때 한국 축구계의 원로 김영식(김익두 목사 아들)도 그가 길러냈다 할 것이다. 출전할 때는 나가는 선수를 내세우고 일일이 그의 장기를 학생들 앞에서 칭찬하고 박수를 하게 하고 전교가 뭉쳐서 국악대를 앞세우고 공설운동장까지 행진한다. 한 시간 걸렸다. 좋은 코치도 그가 키웠다 할 것이다. 유명한 차재일 코치도 농구, 축구 코치로 이름을 날렸다. 출전 때는 운동만 고취하는 것 같으나 신앙면으로도 채플 시간에 그 경건한 예배는 지금도 성재 성재 성재 시작할 때 부르던 그 거룩한 노래가 생각난다. 그는 부흥사로 채플마다 신앙을 돋운다. 학업에 있어서도 각 과목에 우수한 이를 불러세우고 극한 칭찬을 하며 그의 장기 그의 우수한 성적을 칭찬하며 여러 학도들의 도전을 고취한다. 나는 내 교장이라 그런 선입관은 있겠지만 그는 연극하는 배우같이 그 표현이 능하다. 모든 학생을 사로잡는다. 그 자신이 매너에 대한 에티켓, 예의에 대한 강의는 한 학기에 학년마다 그 강의 시간이 있곤 하다. 매일같이라기보다 집에 들어갔다 나오면 그 넥타이는 갈아 맨다. 그 옷 입는 것으로, 표정으로 일일이 자기 생활로 강의하는 것이다. 인상 좋게 사람에게 나서야 한다는 그 예절의 강의는 말로만이 아니라 그의 자세로 배우게 되어진다. 중학과 대학의 겸임 교장이라 그렇게 분주한데도 그의 에티켓 강의 시간엔 초청하게 되어진다. 신앙의 경건성으로, 학문의 깊이로, 체육훈련에 그렇게 용의주도할 수가 없다. 교육자로서 그 중학생은 천여명, 대학생은 2백명 일일이 그 성격을 파악하고 면대하면 이름을 부르며 그 장단점을 죄다 아는 고로 교육자의 자질로는 그런 분이 없다 할 것이다. 마펫이 추방당했던 그를 다시 청해 오는데 마펫대로 수고가 있었고 미국의 국력에 일인이 졌다 할 것이다.[52)]

6. 종교부 활동에 대해

설충수: 목사님! 그 얼마 전에 나온 사진첩 보시면서 옛날 숭실학교에 관련된 것들을 가지고 설명을 해주시면 좋겠습니다. 여기부터 평양숭실학교 다니셨을 때의 모습입니다.

방지일: 이 사진은 우리학교가 전교 학년대항경기에서 우리가 우승했어. 여기 권태일이라고 음악가고 국회의원도 하지 않았소? 이북에서 죽었소. 여기 윤산온 교장이지 않소? 이 사람(백더필드) 초청해 우리 부흥집회도 했어요. 나도 종교부원이었는데 여기가 나요.

설충수: 당시 종교부원들의 활동은 주로 어떤 활동을 했는지요?

방지일: 숭실학교의 YMCA하고 청년회가 있지 않아요. 그 회에 농촌부하고 종교부 여러 각부서가 있는데 우리 아주 큰 일 많이 했어요. 우리 숭실학교 아니면 전국에 한글운동하지 않았소? 여름엔 전국에 가서 한글을 가르쳤지, 우리 숭실학교가 많이

---

52) 방지일, 『야사(野史)도 정사(正史)로』 (선교문화사, 2001), 56-57.

▌1929년 전교학년대항 경기 우승 기념년 3월 5일[53)]

했어. 잘 했어. 이건 평양의 숭전, 숭인, 광성, 숭실 네 교회학교인데, 여기 광성은 감리교고 숭인은 평양교회에서 세운 우리 자체로 세운 학교이고 숭전은 숭실대학교고 숭실은 중학교고, 요 대학들이 연합해서 우리가 뭐하고 그랬지. 요기 윤산온이고.

설충수: 이게 세계순회부흥단이라고 이게 네 학교가 전국으로 돌아다니면서 부흥회를 하는 모습입니다.

방지일: 일 많이 했어요. 특히 우리 숭실대학교가 일 많이 했어요.

---

53) 두 번째 줄 오른쪽에서 세 번째가 윤산온 교장이고, 그의 바로 뒤 안경 쓴 이가 방지일. 여기에서 소개된 사진들은 방지일 지음, 사단법인방지일목사기념사업회 엮음, 『나의 나 됨』(홍성사, 2013)에서 평양 숭실과 관련된 부분을 목사님과 인터뷰하면서 설명하신 것을 (사)방지일목사기념사업회의 허락을 받고 다시금 소개하게 되었다. 간략한 소개는 목사님의 말씀이다.

▍1930년 11월 11일. 뻳터필드 박사와 숭전, 숭실 농촌부원 일동

설충수: 특히 이런 순회활동을 할 때에 주로 많은 음악들 밴드부도 만들기도 하셨다는데,

방지일: 밴드는 우리 숭실밴드가 제일로 했지, 다른 밴드가 없었어. 뭐 그거 아시오? 숭실학교 음악과가 없지만은 한국의 음악은 숭실이 없으면 안되요. 서울대학, 서울국립대학교의 종교음악과가 현재명 아니오? 우리 숭실인이었소. 그리고 연세대학의 종교음악과에 박태준 아니오? 그도 우리 숭전대 아니오? 음악과 아닌데. 연세대 맨 처음 종교음악과 학장 박태준박사야 훌륭한 지도자이지요. 나와 친한데 정말 좋은 리더지요. 그는 수백 명 성가대 지휘하면서도 자기가 소리를 안 내요. 지휘자가 소리를 내면 지휘할 때 큰 소리를 내면 난 그거 볼 때마다 그거 아직 멀었구나하지. 귀만 듣고서 수백 명의 소리가 누구 소린지 아무가 알토, 아무가 테너, 아무가 뭔지 그걸 모두 알

▌1930년 10월 27일. 세계순회부흥단-숭전, 숭인, 광성, 숭실 연합종교부원 일동

고 있거든요. 그래서 들어가기 전에 기도하고 들어가고 들어가서 자기가 지도하는 데도 소리 얼마 안 내요. 귀가 얼마나 예리한지 그 몇 백 명의 그걸 다 알아요. 너 오늘 반음 틀렸지 딱 맞혀요. 그게 박태준이에요. 그리고 그 무슨 대학이라 이전에 교회대학이라던. 과거에 이름이 달랐지. 숭실대학의 음악졸업생 중 그 〈가고파〉의 김동진, 그는 나보다 아래야. 음악과 과장이야. 서울대학교 음악과장, 연세대, 경희대학교 전부 우리 숭실인이야. 음악과가 없었는데 리더인거야. 그거 참 이상하지. 그래 숭실은 한국교회사에 숭실이 없으면 한국교회사가 없어. 95년사 봤오? 숭실 95년사, 그거 내가 감수해서 쓴 거요. 거기 보면 이건 참 자부심이 절로 나지요. 숭실 95년사 보면, 숭실 없으면 숭실대학 없으면 한국교회 없어요. 김형남 장로님 때 내가 감수해서 쓴 거에요.

▌1930년 하기 전도대

설충수: 종교부 활동을 할 때에, 순회활동을 할 때에 숭실학교에서 좋은 음악지도를 하셨던 분이 누구셨는지 궁금합니다.

방지일: 음악지도야 뭐 그때 자기네 학교마다 있었는데 우리 연합 쪽으로 일하기 위해서 종교부원들 같이 모였던 때고

설충수: 전국적으로 다 돌아다니시면서 특별히 어떤 지역을 가셨는지?

방지일: 가서 순회강연을 했는데, 우리가 함경도를 간다 하면 거기 가서 여름방학 두 달 동안 교회 마당에서 집회하고 아이들 가르치고 또 한글 가르치고 브나로드운동이라고 이거 다 숭실에서 주장한 거에요. 갔다 오면 보고가 훌륭했어요. 다음 사진은 학교 종교부원들이 여름에 나갔던 전도대원들입니다. 1930년 하기전도대, 다 여기 써 놓았습니다. 여기가 맥큔이에요.

설충수: 목사님 여름전도대 활동을 하시면서 숭실학교가 당시 농촌에

▌1930년 여수교회 순회 전도대원[54)]

큰 영향력을 가지셨는지요?

방지일: 거 숭실학교 거저 와달라고 하는 데가 지방마다 있었어요. 다 갈 수는 없어서 여러 가지 세 곳 네 곳으로 분해해서 대개 마지막에 강사 두 사람 음악가 한 사람, 이렇게 세 사람을 묶어서 마지막엔 분해해서 보냈어요. 너무 오라고 하는 데가 많아서. 이거 다 갔다 와서 같이 결산하고.. 이들 다 굉장한 내 친구들이에요. 음악가이고 순교한 사람이고, 여기 신후식이구..김현정이구. 다 훌륭한 인재들 입네다.

설충수: 숭실학교에 아주 중요하신 분들이잖아요. 특별히 팀을 어떻게 꾸려서, 팀을 나눠서 가실 때에 음악도 있고 전도를 하시는 분들도 계시지 않았습니까?

방지일: 여름전도대를 나갔다가 너무 오라는 데가 많으니깐 대개 강사

54) 뒷줄 맨 오른쪽이 방지일.

▌1930.6.11. 숭실학교 농촌부 일동[55)]

두 사람 음악하는 사람 한 사람, 이렇게 세 사람씩 보냈어요. 마지막엔 세 사람씩 보냈어요. 이건 농촌부인데 난 농촌부에도 종교부에도 들었어요. 나는 부가 여러 개 있어요. 이 사람이 농촌부장이에요.

7. 농촌부 활동에 대해

설충수: 농촌부에서의 활동은 주로 어떤 활동이었습니까?

방지일: 숭실대학교에 농과가 있잖아요. 토마토 이거 우리 숭실대학교가 제일 먼저 심었어요. 토마토는 딴 과일과 달리 냄새난다

55) 뒷줄 왼쪽에서 두 번째가 방지일.

고 안 먹었어요. 한 상자에 15전 했는데 안 팔렸어요. 지금은 토마토가 없어 못 먹잖아요. 이게 숭실학교에서 나온 거예요. 숭의학교에는 토마토 없어요.

설충수: 그런 농사일을 돕는 것 이외에도 농민들 계몽도 하셨나요?

방지일: 돼지 치는 거, 이거 나도 돼지 많이 쳤는데, 돼지쳐서 베이컨 많이 만들었어요. 돼지 없으면 못 팔아요. 과거엔 우리 숭실대학이 돼지 수 백마리 먹였는데 팔 데가 없어요. 한국사람이 그리 고기 많이 먹나요? 할 수 없이 윤산온 목사가 베이컨 만들었어요. 베이컨은 꼭 김치와 같아요. 영국 사람은 알지만 불란서 사람은 베이컨 몰라요. 독일 사람도 소세지 먹지 베이컨 몰라요. 베이컨은 영국이잖아요. 맥큔이 영국교회니깐 베이컨 알았어. 돼지고기는 꼭 김치와 같이 큰 독에 담가서 약물에 담가서 얼마만큼 익은 다음에 그 놈을 굴에다 걸어 밤나무를 때서 훈제를 해요. 이게 베이컨이에요. 베이컨 어디 한국에 팔 데가 있어야지. 내가 베이컨 팔기도 많이 했는데, 한국사람 베이컨 먹을 줄 알아요? 모르지. 서양사람 몇 사람이 있는데 그 사람에게 다 팔아요. 베이컨 만들었다가 팔기에 혼났어.

설충수: 특별히 농촌부 활동을 하시면서 목사님 좋은 기억에 남는 일들이 있습니까?

방지일: 베이컨 만든 게 마지막이었지. 못 팔아 고생만 했지.

설충수: 목사님 그 외에도 더 좋은 기억들 없습니까? 베이컨 만드시는 거 외에 기억을 말씀해 주세요.

방지일: 우리 사돈의 큰 농장에 토마토가 많이 나고 또 그 밖에 농산물 김자같은 것이 많이 나는데, 지금은 없이 못 먹는데 그때에는 토마토같은 것은 막 안 먹어요. 냄새난다고. 한동안 파느냐고 고생했어.

8. 순회전도여행에 대해

설충수: 목사님, 요 네 학교가 같이 순회전도여행을 다니실 때 뭐 재미난 일 없었습니까?

방지일: 재미난 일, 이 네 학교가 각각 자기 일 하다가 합의에 의해서 여름봉사 브나로드(V.narod) 운동을 했는데 요거 동아일보에도 많이 나오고 그랬지 그 브나로드 운동을 했지, 각각 보고를 잘 했어요. 각각 다 자기들이 잘한 것만 보고하지 않아요? 뭐 이 네 학교가 나가서 전국적으로 나가서 문명퇴치운동, 한글보급운동, 예수 믿게 한 것도 강사들이 가서 주일 밤에는 부흥회를 하지 않아요? 믿는 사람이 많이 생겼지만 난 뭐 한 번 가서 참여했는데, 송영길이가 설교를 하고 내가 집회를 했는데 앞의 일본경찰이 무장한 경찰이에요. 정복입고 그리고 경례를 하더니 아주 고정관이에요. 긴 곤봉을 세워놓고 옆에 책상에 앉았어요. 우리 송영길이가 무슨 말 했는고 하니, 우리는 갈 곳이 없다. 만주가면 중국 사람한테 배척당하고 또 현해탄에 가면 게다 짝에 채이고. 아 그러더니 중지 딱 그러는 거에요. 못하게 했지요. 중단시키는 거에요. 내가 사회를 보다가 중단하는 거 보고 중단 못하게 해야지. 그 때 내가 내 주를 가까이하게 함을 찬송을 몇 번 불렀는지 몰라요. 한 오, 육 백 명 모였다가 그 때 무슨 일이 일어나면 소동이 나면 중단하고 있다가 가만히 있어요. 내가 찬송을 몇 장하고 마지막에 기도로 폐하고 내려갔어요. 당신 왜 중단시켰어? 내가 막 항의했단 말아요. 아니 만주가서도 못살고 현해탄에서도 못살고 너희들이 이렇게 여름에 다니면서 백성들을 어떻게 하

면 잘 살게, 아니 너희들은 못 살게 실망을 주면서 어떻게 이렇게 중단시키냐? 당신이 그 다음에 들어보면 그런고로 예수 믿어야 된다. 예수 믿게 하려는 거지. 그걸 못하게 했으니, 못하게 하지 않았냐? 그럼 앞으로 전부 원고 내라고 해서 원고 내고, 원고 다 보고 허락할 것이나. 아 그럼 그렇게 하자하고 답했다. 원고 다 줬어요. 그거 고난 많이 당했지요. 그 때는 우리 세상이 되었어요. 어렵긴 어려웠지만 그 때 살아봐야지 알지 그 때 살아보지 않은 사람은 내가 뭐 이 말해도 뭐 그럴까 합니다.

설충수: 일본 경찰들이 원래 옛날에는 무섭잖아요.

방지일: 무섭기만 해요? 나는 일본 경찰에 너무 많은 어려움을 당했으니. 참 사악하지요. 난 일본놈이라고 해서 서양선교사들이 말하길 젊은 사람이 왔다 해서 보니 나보다 어린 사람이에요. 아니 방목사님은 그렇게 안 봤는데 방목사님이 일본 놈이라고 그렇게 해요. 야! 나는 그보다 더한 말도 할 수 있다.(웃음) 날 몰라서 하는 소리지. 손기정이 일장기 들고 마라톤 일등한 다음에 동아일보에서 그것 지우지 않았어요? 동아일보 정간 맞고 기자 감옥에 가고 그 때 다 그렇게 당했거든요. 우리 선수들이 독일가서 독일 올림픽 스타디움에 일장기 지우고 지워버리지 않았어요? 그 문제가 되어 다시 새겼지요. 일본 사람들이… 허허. 그때 손기정이 일등할 때 다 달아나고 그걸로 말미암아 많이 취조도 받고 그랬지요.

9. 학생회 임원들에 대해

1930년 숭실 학생회 임원들

설충수: 목사님 이건 학생회 임원들 사진인데..

방지일: 여기 양주동 선생 아니오? 한국의 국보인. 우리 선생이었다고. 1930년대 학생회 임원들이지. 여기 다 큰 인물들이지요. 여기 신후식이 104살로 나보다 몇해 전에 죽었어요. 우리 동창인데. 이거 다 큰 일꾼들이지요. 일본 우리 여행 갔던 것이고 양주동이가 같이 갔지요.

설충수: 이 사진의 배경이 어디었습니까?

방지일: 이거는 일본여행 가기 전에 우리 여행원들이 찍은 거야. 아마 학교에서. 다음 이건 우리 숭실대학교 부흥회 사경회 때 모습이고, 임종순목사라고 평양 서문밖교회이고 이게 동진이 아버지인데 설교 잘 했지. 김동진의 아버지(김화식목사), 자기 할아버지도 목사요. 이 사람이 김준성이라고 동경 YMCA 총무로 있다가 아주 말 잘 해요. 이 세 사람을 강사로 우리 숭실학교 부흥회에 모셨지요.

▌졸업여행

설충수: 학생회의 활동들을 적극적으로 권장하는데 윤산온 교장님의 영향력이 컸습니까?

방지일: 윤산온은 우릴 흥분시키는데 그만한 사람도 없어요. 그는 좌우간 학생들을 업그레이드 시키는 데에는 특별히 한국 숭실 축구부는 윤산온 덕이에요. 채플이 백 여명 밖에 안되는데 축구선수 한 십칠팔 명 아니오? 그 날렸던 것을 전부 강단에 내세워 누구누구 소개하고 그리고 뭐 잘한 것은 칭찬을 그렇게 하고 박수를 보내고 그렇게 매일 채플에서 그렇게 축구선수를 고양시켰어요. 정말 훌륭하세요. 그리고 일본에서 추방해서 돌아가잖아요. 이 사람 추방했기 때문에 일본이 망했는데. 윤산온 미국가서 방송으로 반일운동을 많이 했어요. 일본이 손해 봤어. 요것이 종교부원이에요. 기독교에요. 이 사람들 전부 목사에요.

설충수: 목사님, 이 종교부의 활동들 좀더 목사님 여기 기록되지 못한

1930.11.20. 숭전사경회. 교수, 종교부원 일동

사진소개: 1930년11월20일 숭전사경회.선생, 리사무원, 종교부원 일동 당시 우리 종교부원과 교장 윤산온 목사님, 강사로 임종순 목사님, 김화식 목사님, 김준성 강사님 세 분을 모셨다. 임종순 목사님은 서문밖교회 목사이시다. 달변가이시며, 우리 총회에서 동경 유학생을 위한 목사님으로 파송한 분이다. 그분께는 일화가 많다. 김화식 목사님은 선친이 목사이시고, 김성여 목사는 동생이다. 두 분 다 저명하시다. 김화식 목사님은 내가 장대현교회를 떠난 다음 장대현교회를 담임하신 일도 있다. 동생 김성여 목사는 부산진교회 담임목사이신데 강사로 청하였다고 한다. 강사로 오신 김성여 목사는 단상에서 "동생이 형보다 낫기에 청했군요. 에서보다는 야곱이 낫지 않았어요?"라는 말로 시작하였다는 말을 들었다. 부산에서 원로목사가 되기까지 목회하셨는데, 앞으로 목사가 외부에 부흥회를 가시려면 당회의 허락을 받으라는 말이 있을 때 당시는 아무 반응도 없으시다가 다시 부흥회를 인도하러 가시면서 "아무개 장로, 삼일기도회 인도하시오"라고 써 놓고 가셔서 돌아오신 다음에 "어떻게 그렇게까지 하셨군요" 하니 그때에야 "장로는 어디를 가도 목사에게 이야기하는 것을 못 보았는데 목사는 장로들한테 허락을 받아야 된다는 그런 법이 어디 있나요?" 하고 한마디 하셨다고 한다. 한번은 부산에서 사역하는 북한 출신 교역자들 몇이 와서 "부산에 함경도 황해도 충청도 전라도 모두 고향 동인들의 모임이 있는데 우리 평안도만 없으니 조직하자"고 하였다. 이에 목사님은 한마디로 쓸데없다며, 손바닥만 한 나라인데 무슨 지방 끼리끼리 쓸데없는 구상들이냐며 "평안도는 내 혼자 감당할 터이니 그대들은 목회만 전념하시오"라고 했다는 유명한 일화가 있다. 나도 그 교회에 가서 집회를 했는데, 돈키호테 같은 분이었던 것으로 기억된다. 내가 갔더니 "방 목사, 나는 혈압 문제와 다른 건강 문제로 다른 분과 같이 제대로 식사를 못 한다" 하시며 그 점을 이해해 달라고 하셨다. 해운대에 가서 솔잎을 뜯어다 응달에 말리고 꿀에 개어서 병에 넣어 두고 먹는데, 나도 원하면 주겠다 하셔서 필요 없다고 했다. 그래도 한 말씀 더 보태기를, 집에 남매가 있고 상에 앉으면 네 식구인데 아내가 "색다른 음식인데 조금이라도 들어보시지요"하고 권하는데도 대답을 안 하니, "그러면 한번 아이들과 같이 앉아라도 계시구려"하는 권면에 "사단아 물러가라"했다는 말도 기억난다. 그 다음이 김준성 강사님으로, 동경 YMCA 총무로 계시는 명강사였다. 함경도 분으로, 단신으로 와 계시다 도미하셨는데 나와는 때로 서로 연락이 되었다. 둘째 줄 오른쪽에서 세 번째가 방지일. 이거는 1930년 숭전 YMCA 임원 일동의 사진입니다. 1930년에 우리 학생회, 여러 각부의 부원들로 문예부도 있고 농촌부도 있고 종교부도 있고 다 함께 모인 것입니다.

▌1930년 숭실 YMCA 임원 일동

것 중에 목사님 기억에 남는 것은 없습니까?

방지일: 종교부 활동들, 가서 한글 가르치고 밤에는 부흥회했어. 밤에 인근 교회가 연합으로 모여서 부흥회했어요. 부흥회 강사에요. 목사도 아니지만 부흥사들이에요.

설충수: 이렇게 부흥회를 하시면서 반응들은 어떻습니까?

방지일: 한 번에 서너 곳 가면 곳곳마다 교회가 부흥회 했어. 믿는 사람이 수십 명 수백 명 생겼다고. 과거에 숭실이 없으면 한국 교회가 부흥회 할 길이 없다 이렇게 이야기가 되었어. 여기 종교부원들 호남신학교 교장인 김형모, 송영길 그리고 나 박기환 이유택 다 목사가 되었어. 그리고 이건 윤산온 교장과 전도대원의 모습이고, 이건 숭실대학 학우회 임원들, 종교부 뿐만 아니라 농촌부니 문예부니 다 들어갔어. 일년에 한 번씩 연극을 하곤 했는데 연극을 하면 평양성이 그 연극 한 번 구경하려고 표 하나 얻으려고 애 썼어요. 그리고 숭실대학 대

▌1931년 숭실전 종교부 일동

뒷줄 왼쪽부터 방지일, 신후식, 송영길, 이선용 그리고 앞줄 왼쪽부터 윤응팔, 김철훈, 이유택.

▌1932년 숭실전 종교부원

뒷줄 왼쪽부터 서은숙, 이유택, 방지일, 박기환 그리고 앞줄 왼쪽부터 송영길, 김형모, 김진홍.

강당이 한 사천 명 들어가는데. 일년에 한 번씩 연극을 했는데 그게 큰 인기에요. 이 사람이 막사이사이상 받은 장준하 아버지(장석인 목사)에요. 숭실학교 이야기하려면 한이 없어요.

▌1932년 숭실전 윤산온 교장과 전도대원

이건 사경회 기념사진이에요. 임종순 목사, 윤산온 교장, 해밀턴, 종교부원들과 주요한 사람들이군. 1932년의 사경회 기념사진. 정인과 목사는 대통령 감인 목사에요. 일본에 매수당해서 자기 아들 신도학교에 보냈어요. 참 인물이지요 말 잘하고 애국시민인데 일본에 매수당했어요. 내가 여기 오니깐 코웃음 쳐요. 내가 한국에 돌아와 만났어요. 정목사님 그렇게 했더니 담배를 펴요. 미안합니다. 이렇게 내가 타락했어요. 내가 복구해야지요. 복구해서 교회 좀 보다가 없어졌어요. 어디 갔는지 찾을 수가 없어요. 시체도 못 찾고 없어졌어요. 참 훌륭한 사람인데 일본이 이렇게 악해요. 이건 우리 신성 졸업생이 평양 나와서 평양 숭실학교 나온 우리 신성 졸업생이에요.

▌1931년 숭실대학 학우회 임원들[56)]

방지일 목사님에 의하면, 뒷줄 세 번째가 강태민 목사이다. 미국 유학 후 들어와 새문안교회에서 목회도 하다가 성서대학을 세우고 초교파적으로 큰 학교를 일으키신 분으로 나와는 기숙사 룸메이트였다. 권태희 목사는 뒷줄 오른쪽에서 두 번째, 책을 들고 있는 분으로, 납북되어 행방불명되고 말았다. 권태희 목사 오른쪽 아래 분이 강신명 목사인데, 새문안교회 목사로 사역을 마치신 분이다. 나보다는 후배다. 권 목사 왼쪽에 있는 분이 윤응팔 목사다. 윤산온 교장 오른쪽 옆에 선 분이 장석인 목사로, 장준하의 부친이다. 그 오른쪽 끝이 김철훈 목사로, 산정재교회에서 목회하다 공산당에게 죽임을 당하셨다. 사모님은 아직 살아 계시다. 나는 정가운데 안경 쓴 애숭이다. (방지일 지음,『나의 나 됨』(2013), 84.)

10. 신성학교와 숭실학교의 관계에 대해

설충수: 특별히 당시 평양사회에서 신성학교 졸업하면 평양 숭실학교를 바로 가게 되는 일종의 엘리트 코스 같은 것이 있었습니까?

방지일: 신성학교가 평양숭실에 와서 다 우등, 우승이에요. 공부도 우승이고 모든 게 다 우승이에요. 신성학교 졸업생이 이렇게 평

56) 방지일 지음,『나의 나됨』(2013), 84.

1932년 숭전사경회 기념

뒷줄 왼쪽부터 미상, 송영길, 박기환, 이유택, 김형모, 방지일, 김진홍 그리고 앞줄 왼쪽부터 윤산온 교장, 임종순 목사, 정인과 목사, 전영택 목사, 우호익 장로, 함일톤(해밀턴) 목사.

양에 와서 큰 일을 했단 말이에요. 이건 우리 내 기도 동지에요. 모란봉가서 새벽기도 했어요. 여기 말스베리 숭실학교 음악선생인데 한국말 잘 몰라요. 김홍전이라고 전라도 사람이지만 아주 훌륭한 재산이에요. 나 그리고 요긴 우리가 전도해서 예수 믿게 한 사람이구요. 그리고 김진홍이고 모란봉에서 같이 기도했어요. 이건 일본여행 갈 때에 졸업여행이에요. 사각모자를 썼어요. 우리 숭실학교와 연희전문학교, 보성전문학교 세 학교 밖에 사각모자를 안 썼어요. 서울대학교가 없었어요. 그리고 이건 우리 기숙사이에요. 내가 216호에 살았고 두 사람씩 들어갔어요. 전체 한 120 명 정도 들어갔어요. 내가 거기서 잡지 하다가 경찰에 체포당한 적도 있고 많아요. 거기서 『게자씨』 잡지도 했어요.

▌1934.2.22. 숭실학교 내 신성 동창들과

11.『게자씨』에 대해

설충수: 『게자씨』 같은 경우에는 목사님, 숭실학교 졸업하셨던 목사님들 위주로 하셨습니까?

방지일: 아니, 숭실학교 재학하는 사람들 재학생 위주로 했어요. 그러기 때문에 등사를 했어요. 돈이 있나요? 등사를 했어요. 우리가 받은 은혜를 나하고 진홍이 형하고 룸메이트인데 우리가 아침마다 기도회를 했어요. 기도회를 하는데 하루는 진홍이 형이 하고 하루는 내가 하고. 그 너무 성경말씀에 대한 진리가 좋아서 이거 우리만 보지 말고 등사해서 나눠주자 했어요. 이렇게 등사해서 나눠준 게 『게자씨』에요. 등사해서 한 사오십 부, 백 부, 이백 부까지 했는데 경찰이 알고서 의론했단 말이

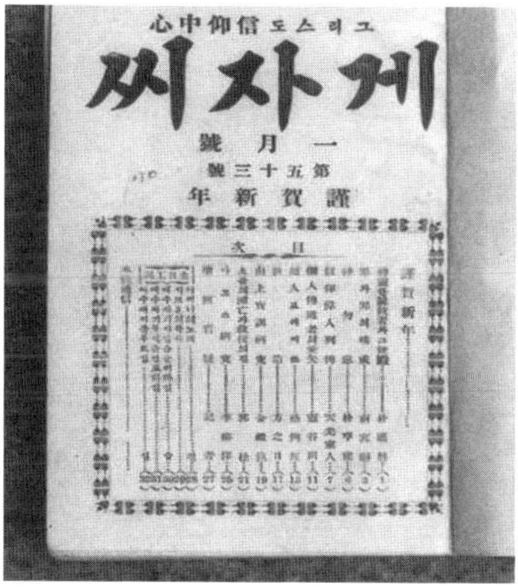

〈게자씨〉 1936년 1월호[57]

에요. 216호에 와서 방 문을 열라고 하니 경찰들이 집안을 전부 흩어 놓았어요. 그리고 내일 아침에 경찰서로 오라고 호출했어요. 갔더니만 불법으로 했으니 오백원 벌금과 삼년 징역형을 내렸어요. 아니 이건 잡지를 내서 우리가 팔려고 하는 것도 아니고 우리가 써서 사오십 매, 백 매를 등사를 해서 친구들과 나눠가지는 거다 우리 받은 은혜를 나누는 것이다. 이것이 뭐가 위법이냐 이렇게 항의를 했어요. 그랬더니 알 수 없다면서 가 있어라 했어요. 좀 있다가 또 오라고 해서 가보니깐 모르고 했으니 이번만은 용서하겠다. 앞으로 계속하려면 총

---

57) 1929년부터 김진홍 형과 함께 매일 기도하고 말씀 보던 내용들을 신앙 동인들과 나누기 위해 만든 책이다. 처음에는 등사로 제작했는데, 차츰 더 많은 부수를 찍게 되어 인쇄까지 하게 되었다. 1937년 중국 선교사로 떠나면서 안광국에게 맡기고 갔는데, 계속되는 일제의 압력과 늘어나는 자금 문제로 폐간하고 말았다. 창간호부터 폐간 때까지 자료를 모아 홍성사에서 2011년 영인본을 출간하였다.

▌1930년 숭실학교 기숙사, 여기쯤 어디에 〈게자씨〉의 산실 216호가 있을 것 같다.

독부의 허락을 받아라. 원고를 다 보내면 검열을 했어요. 그래 내가 갔다 와서 그 말을 보고했더니 박윤선이 하고 잡지했던 사람들이 다 못하겠다고 했어요. 그거 원고를 모집해서 총독부에 보내고 총독부 검열을 받아서 또 인쇄해서 먼저 총독부, 평양경찰, 평양도경에 보내요. 그 다음에 발행하는데 그거 우리가 어떻게 하나? 그 때 우리는 고학생이었어. 고학생이 못 하잖아. 일본사람이 취조할 때는 몰래하고 일본사람이 안 즉슨 못한다고 하니 그게 말이 되요? 난 그거 말 못해요. 해야 된다. 그럼 어떻게 해야 되는가? 돈도 없고 어떻게 하겠냐? 그래 밤새도록 생각해 봐도 못하겠다는 거에요. 그럼 나 혼자라도 할 것이니 너희들 방해만 하지 말라. 일본사람이 취조할 때는 안하고 취조 안 할 때는 몰래 하는게 이게 말이 되느냐. 그래 내가 몇 번 혼자 했어요. 나중에 박윤선이 도와 출판해 이천 부 나갔어요. 그 다음 이건 숭실대학 강당인데 전국에 이런 강당이 없어요. 사천 명 들어가요.

▌1930년 숭실학교 강당[58]

12. 평양성을 울린 숭실의 연극

설충수: 목사님, 학생은 이백 명 밖에 안 되는데 강당은 사천 명이 들어갈 만큼 크네요.

방지일: 그건 숭실중학교가 한 오백 명 되고 같이 쓰는 거니깐 그리고 전국에서 무슨 운동이 있으면 다 여기서 하거든요. 농구도 하고 그러거든요. 이거 처음으로 지어놓은 거 아니에요? 실내운동으로. 전국에서 다 이거 썼어요. 참 큰 공헌했지요.

설충수: 평양에서의 중요한 대회,활동들이 전부 다 여기서 열렸다고 볼 수 있는 거지요?

방지일: 그럼. 연극도 하고. 그때 이건 자랑이지요. 숭실학교 밖에 이

58) 4천여 명이 들어가는, 가장 큰 강당이었다. 윤산온 교장이 찍은 사진이다.

▌1930년 숭실학교 강당 낙성식

런 큰 강당이 있었나요? 연극제도 했습니다.

설충수: 무슨 연극을 하셨나요?

방지일: 우리 숭실전문학교의 학생들이 일년에 한 번씩 연극을 하고 특별히 크리스마스에 했는데 그래서 평양 각 학교에 각 교회에 초청을 해서 초청장을 보내면 거기 들어올려고 애쓰는 사람 참 많았어요.

설충수: 목사님, 이건 어떤 연극을 하는 것인가요?

방지일: 그거 "원 달라"가 그런 연극이 있었어요. 좌우간 전문학교 학생들이닌 만큼 연극들이 잘 익어서 아주 큰 인기였지요. 평양성의 큰 인기였지요. (1932년 숭실대 졸업 사진)이건 내가 없던 것인데 마펫이 나에게 보내주었어. 그리고 이건 내 할마니 내가 할마니 손에 자랐어요. 숭실학교 졸업 때 윤산온과 같이 찍은 거에요. 그리고 이건 맥큔. 참 정력이 훌륭한 사람이에요. 정말 위대한 사람이에요. 그리고 이건 마우리. 마우리하고 맥퀸하고는 성격이 정반대에요. 윤산온은 홍분시키는 사람이고

▌1929년 숭실 강당에서 열린 연극제[59)]

▌1932년 연극제를 마치고[60)]

59) 각 여학교 졸업생석, 부인석, 남인(남자)석, 각 학교 졸업생석, 본교 학생석으로 나뉘어 있는 것이 인상적이다.
60) 당시 이 연극은 상당히 인기가 많았다.

▌1931년 숭실학교 동기 동문들

▌1932년 숭실대 졸업[61]

---

61) 내 졸업식에서 몇 사람만 찍은 사진이다. 마삼락 선교사가 자기 부친께서 소장했던 것이라며 내게 전해 주었다. 왼쪽부터 김진홍, 이유택, 방지일, 김현정, 김성덕, 다 목사다. 이유택 목사는 장대현교회에서 갈라져 나간 이향리교회를, 나는 장대현교회를 섬겼다. 김현정 목사는 광주 양림교회 김창국 목사의 맏아들이며, 그의 동생 김현승은 시인이자 숭실대 교수였고, 광주에 기념비가 세워져 있다. 김현정 목사의 아들 내외는 미국 장로교 총회 간사로 일한다. 김성덕 목사는 '미국의 소리사'에서 방송 일을 했다.

▌1932년 졸업 때 가족 친지들과[62)]

마우리는 학자에요. 미생물학자에요. 우리 생물학을 가르쳤어요. 이 사람은 한국 독립운동에 같이 가서 만세 부르고 고깔 쓰고 감옥에 삼 개월 갖혔어요. 진실한 사람이에요. 앞만 보고 인격자이에요. 그리고 요 내 기도동지 말스베리에요. 세상 떠나고 나서 말스베리 추모회를 한다고도 했는데. 성경장로회에 파송 받아 선교사로 왔는데 홍성에서 교통사고로 죽었어요. 기도도 성경도 많이 보는 이에요.

62) 나를 키워주신 할머니(가운데 줄 왼쪽에서 네 번째) 그리고 부친, 누나, 동생 시건, 족숙 방응부, 박윤선, 김진홍과 그의 넷째 형님 가족들, 뒷줄 가운데가 부친 방효원 목사고, 그 왼쪽 옆의 감투 쓴 이가 외숙으로, 이때 처음 평양 구경을 하셨다. 한학자로, 사시던 지방에서는 저명하신 분이었다.

▌1932년 졸업 때 할머니와 윤산온 교장과 함께

▌모의리(마우리 Mowry) 선교사[63)]

13. 말스베리에 대해

설충수: 말스베리 교수의 영향으로 음악을 하시는 분들도 많이 도움을 받으셨나요?

방지일: 신앙이 너무 보수적이다보니 다른 사람이 그를 따라 가겠다 못 하지요. 이는 죽고 아들은 아마 아프리카 선교사로 있다고 하는데 잘 몰라요. 어디 있는지 잘 몰라요. 말스베리 부인

63) 숭실대에서 미국 문학과 생물학을 가르치셨다. 개척 전도도 많이 하신 진실한 전도자로 정평이 난 분이셨는데 걸음걸이조차도 성격과 같이 앞만 보고 똑바로 걸어가신다. 학점도 엄격하고 봐주는 일이라고는 없었다. 웅덩이에서 아메바를 건져다 600배 현미경으로 분열 생식하는 모습을 관찰하며 스물아홉 장이나 되는 그림을 그려야 했던 시간이 기억난다.

▌마두원(말스베리 Malsbary) 교수[64]

을 찾아서 한국에 합장을 한다고 통지하곤 했는데. 말스베리는 뭐 그렇게 자기가 출세 할려고 하는 사람이 아니에요. 말스베리를 업그레이드 시키려고 하는데, 뭐 무슨 조그만 단체에서 할려고 하나 봐요. 편지는 많이 오는데 나는 뭐 돈도 낼

64) 숭실대 음악교사로, 나와는 가장 가까운 기도 친구요 신앙 동지였다. 〈게자씨〉를 내 집에서 발간할 때도 와서 포장이며 우표 붙이는 일을 같이 해주기도 했다. 성경을 하루 100장 정도씩 보는데, 어려움이 있어 가져가 여쭤 보면 성경에서 답을 찾았다. 그 답이 그렇게도 달았다. 그의 집에서 모이는 기도 클럽은 신학교 동인들과 최봉석 목사, 박윤선, 김진홍, 도승주, 이유택, 방지일, 김석주 등이 멤버였다. 또 한 팀은 곤우동 김인서 장로의 기도실에서 매주 목요일에 철야로 모였는데, 박윤선의 계시록 강해는 몸 전체로 헤엄을 치는 듯 힘이 넘쳤다. 숭실 밴드가 전국을 순회하며 연주할 때, 마두원 교수는 지휘를 했으며, 꼭 기도로 시작하였다. 조금이라도 화음이 안 맞을 때면 휴식시간에 우리의 기도가 부족했다고 단원들과 자복하며 기도하고 다시 연주하기도 했다. 그와는 노방 전도도 많이 다녔다. 성경벌레이자, 머리가 가득 찬 귀한 분이었다. 이런 신앙의 동인이 있어 행복했다.

▌마두원 교수 가족

거 없지만은 동의 안해요. 말스베리는 자기 이름을 낼 사람이 아니에요. 그리고 이건 숭실대 악대와 찬양대의 순회 연주네요. 전국 순회연주를 많이 했지요. 꼭 기도하고 했고 누가 잘못되었으면 기도 안했다고 꼭 그러곤 했어요. 그리고 요게 내 친구들이에요. 나하고 13년 동안 동창이에요(김진홍). 중학교 숭실학교 신학교 다 동창이에요. 김진홍 목사라고. 그리고 윤병식 목사라고 나하고 동갑이에요. 요것도 내 친구이구요. 그리고 요것도 다 내 어릴 때 주일학교 동창들이에요. 상해가서 만났어요. 그리고 이건 김상철 목사라고 나보다 두 해 위인데 매일 나하고 같이 전도 나갔어요. 자전거타고. 그리고 이거 노방전도하던 거에요. 그리고 요거는 내가 칼리지 나와서 평양숭실 나와서 19살에 교회하던 거에요. 참 어떻게 했는지 모르겠어요. 여기서 핍박도 많이 받았지만 한 이백오십 명 모였

숭실대 악대와 찬양대의 순회 연주

거든. 내가 숭실학교 시절 나가서 지은 거에요. 세 번 증축했어요. 그리고 내가 여기 다른 사람에게 맡기고 평양 장대현교회 길선주 목사 세운 교회로 갔지. 정말 지금 보아도 이백오십 명이 모였으니. 그리고 이건 정오리 교회 직원들. 19살 나서 어떻게 교회를 지었는지 모르겠어. 그리고 요건 우리 아버지 평양신학교 8회 졸업생 사진이에요. 그리고 요건 내 평양신학교 졸업사진이구요.

▌김진홍[65)]

▌윤병식[66)]

▌대학 동창 계창덕과 함께

▌죽마고우 윤성학과 함께

65) 김진홍 목사는 중학, 대학, 신학교까지 13년 동창으로, 나보다 연상이나 이만큼 친한 이가 없을 것이다.

66) 윤병식 목사는 윤하영 목사님의 아들이다. 나와 동갑으로, 같이 자란 친구다. 우리 셋이서 〈게자씨〉를 창간했다.

▌1929년 평양 을밀대에서 친구 윤병식과 함께[67)]

▌1929년 평양 을밀대에서[68)]

67) 나는 윤병식보다 학교를 두 해 앞섰다. 중학을 마치고 평양 숭실에 입학하였을 때, 윤병식은 광성고보에 재학중이었다.

68) 평양 숭대에 입학했을 때, 숭의학교에 다니던 누이와 누이처럼 지내던 이들과 같이 을밀대에 갔다. 바로 내 앞에 앉은 이가 누이 순길, 그만 먼저 세상을 떠났다. 그 왼쪽은 윤병주로 윤하영 목사의 딸이요, 윤병식 목사의 누이다. 후에 한경직 목사와 함께 영락교회를 세우는 데 한몫을 했다. 맨 왼쪽에 앉은 이가 장룡주다.

▌1932년 평양 을밀대에서[69)]

▌1930년 김상철 목사와 노방전도를 나갔다가 을밀대에서

69) 그때 사각모를 쓰는 학교는 서울 연희, 평양 숭실뿐이었다. 박태기, 김형규, 김철휘 등 동인들과 함께.

▌1934년 노빙진도 모습

▌1931. 1. 18. 정오리교회[70]

▌1934년 정오리교회 직원들과 함께

70) 정오쥬일학교(정오주일학교) 데일회 졸업 긔렴(제1회졸업 기념) 내가 처음 개척하여 세운 정오리교회 앞에서.

14. 영향을 준 선생

설충수: 목사님, 숭실학교에 관한 몇 가지 질문을 드리겠습니다. 평양 숭실학교 다니실 때 가장 인상 깊었던 교수님, 아까 윤산온 교수님 이야기 하셨는데 목사님 기억에 좋은 교수님들이 계실텐데 좀 소개해 주시면 좋겠습니다.

방지일: 나는 숭실학교 가기 전에 신성학교, 신성학교가 내 모교 아니오? 숭실 졸업하고 신학교 졸업하고 내가 중국 선교하러 갈 때에 잠깐 선천 들러서 몇 사람 만나보고 가는데 신성학교에 심인곤 선생이라고 있어요. 우리 담임선생님도 하고 아주 진실한 분이에요. 세익스피어 햄릿을 다 외워요. 그때 내가 가서 중국선교사로서 목사로서 갑니다. 그러니깐 심인곤 선생님이 야 이거 왠 일이냐, 과거에는 공맹의 공자,맹자의 윤리를 배웠는데 이제 성경말씀 생명의 말씀을 갖게 되었으니 방목사 가서 다른 일 할 것 없어. 성경을 가르쳐라, 성경을 가르쳐야 한다고 하셨어요. 그 말이 얼마나 내 속에 들어왔는지. 중학교 스승이 내게 한 말이에요. 그리고 인사를 하고 신의주를 걸쳐 대련에서 중국에 갔지요. 그게 내가 중국 갈 때에 심인곤 선생이 성경을 가르쳐라. 그 다음에 내가 숭실에서 아까 말한 대로 세브란스 안가고 숭실에서 평양신학을 할려고 갔으니깐 내 목적이 있으니깐 숭실에서의 4년이 일하고 하루 세 시간씩 노동하고 공부했지 만은 숭실학교 있는 동안 새벽기도 나 혼자 교실에 들어가서 한번도 안 빠졌다구요. 근데 하루는 밤을 새면서 기도를 하는데 그 숭실학교 의자가 땅에 박아놓은 거에요. 옆에다가 필기하는 것 있고 책상이 없

▌1933년 숭실전문학교 영문과 졸업 사진

어요. 내가 그 의자를 몇 개를 뽑았는지 아침에 밝은데 보니깐 내 손에서 피가 나서 바닥에 피가 말라 있는 거에요. 얼마나 미안한지. 내가 평양숭실학교에서 철야기도 하다가 너무 죄를 회개하고 내 피가 거기 다 말라 붙어있으니 얼마나 민망해요. 그 내가 암만 닦아도 닦아지지 않는데. 그래도 내가 할 수 있는 일이 밝기 전에 교실, 학생들 들어오기 전에 다시 닦고 나사 다시 조이고 했지요. 그것이 내 평양숭실학교에서 철야기도 때 의자가 서너 개 뽑고 피를 많이 흘리고 피가 다 말라 붙어 닦았어요. 그것이 내 가장 인상적인 일이구요. 평양숭실학교 다닐 때 나는 꼭 신학교 가야겠다고 작정을 했으니 뭐 한 주일에 두 번 성경공부를 했어요. 그리고 새벽기도 나 개인으로 하는 거를 빠지지 않았어요. 나와 같이 룸메이트인 성서신학교에 있었던 지금은 세상 떠났지만 강태민, 강태국이 아니오? 성서대학이라고 큰 대학하지 않아요? 나하고 룸메이트인데 날더러 야, 방군 너 우리가 지금 일본 놈한테 압박 받는데 대한민국 사람이 일본 놈 하나 죽이고 가야 안되나? 새벽기도에 가서 웅얼웅얼 그 누구하고 말해? 쓸데 없는 짓 한다고 하는 거에요. 암만 조소를 해도 내가 새벽기도 빠지겠어요? 그랬더니 그 양반이 숭실 졸업하고 자기도 일본 고베에 가서 고베신학교를 하고 그 다음에 미국가서 다시 모금해서 한국성서대학이라고 큰 대학을 세웠어요. 학생들 많아요. 내가 중국 갔다 왔더니만 날더러 야, 내가 널 핍박하고 그랬지만 너처럼 믿어야겠더라 기도해야겠다고 했어요. 그리고 대한예수교장로회 합동 측에 있어야 될텐데 새문안교회 목사도 했지요. 자기하고 성격이 좀 맞지 않아 독립으로 나가서 독립하고요. 숭실학교에 있는 동안에 내 철야기도회 때 피 많이 흘린 거 그 다음에 강태국이 같이 있으면서 나를 일지매로 욕하고 그랬지만 나는 꾸준히 전도했어요.

15. 숭실학교에 대한 평가

설충수: 목사님, 특히 평양숭실학교가 당시 평양사회에서 평양성에서 어떤 좋은 평가를 받았는지요?

방지일: 지금은 세상이 달라졌어요. 이번에 만오천 명이라는 소리를 듣고 일류학교가 되었구나. 숭실의 개교 이념에 맞게 나아가겠구나하고 나는 자부심을 가졌어요. 숭실은 그대로 나오는데 뭐 다른 학교와 같이 돈을 벌려고 한 것도 아니고 그 몇 사람이 하다가 돈 없으면 미국가서 요정하고 그러지 않았어요. 숭실은 평양성에서 신학교를 들어가는 목사양성소였어요. 내가 졸업하고 우리 졸업생이 서른두 사람이 졸업했나, 아

니 열아홉 사람인가 졸업했는데 신학교를 간 사람이 열두 사람이었어요. 절반 이상이었어. 그래서 평양신학교에서 환영했지. 하여튼 좌우간 숭실학교는 신학교 들어가는 꼭 평양신학교와 같이 생각했지. 또 다 같은 교단 아니오? 마펫이 세웠고. 마펫기념관도 동상도 세우려고 했는데 반대하는 사람이 있어, 아직 산 사람에게 무슨 동상이냐고. 그때 내가 있었지 오십 주 년 오십 년 희년 기념에 마펫기념관을 세웠지. 마펫은 훌륭한 신앙인이에요.

16. 중국선교의 계기에 대해

설충수: 목사님, 특히 숭실학교를 졸업하고 평양신학교를 가시는 분들이 많아서 일종의 신학교에 앞선 기초교육을 하는. 신학교를 가기 위한 준비단계 과정으로 숭실학교가 많이 이야기가 되는데 특별히 평양학교를 다니시면서 전도도 열심히 하시고 농촌에도 많이 다니시고 하셨는데 당시 30년도에 숭실학교가 중국선교에 대해 어떻게 생각하셨는지요?

방지일: 내가 중국선교사를 가려고 생각하지 않았어요. 평양신학교 졸업한 다음에 웨스트민스터 갈려고 했어요. 신학교때 박윤선. 김진홍 우리 셋 다 거기 갈려고 했어요. 가기가 어려워요. 비자 얻기가 어렵고 보증금 얻기가 어려우니, 나는 목사아들이고 또 우리집안이 믿으니깐 신의주가서 장로들을 (설득해야 해요). 내가 이십 대의 아이지만 돈을 다 얻어서 비자를 얻어 입학허가를 다 얻었어요. 그런데 우리 총회에서 지금 선교

사가 비었는데 우리가 택하고 택하다가 그래도 대학을 졸업하고 너가 가장 적당해서 너를 택했는데 속히 대답하지 않으면 다른 사람을 택해야 하니 노(No)든지 예스(Yes)든지 해라하는 것이에요. 난 지금 당장에 미국 가려고 다 준비했는데 어떻게 노든지 예스든지 할 수 있느냐. 조금 기다려라. 그래 한 십여 일 기다리라고 해놓고 내가 생각해 보니 난 미국 갔다 오고 나서도 웨스트민스터 졸업하고 나서도 뭐 신학교 교수나 이런 거 하려고 하는 것이 아니고 에반잘리칼 교회하고 전도할 텐데. 지금 전도의 문이 열렸는데 웨스트민스터 해야지만 전도할 수 있나요? 난 선교사로 갈 테니 너희 두 사람만 웨스트민스터 가고 나는 중국 갔지요. 그렇게 했지요. 뭐 중국 선교를 그때부터 생각하고 그런 것은 아니고 나도 생각도 못했던 것이에요. 웨스트민스터 가려고 모든 걸 다 완성해 놓았는데 총회에서 그런 통지가 와서 한 얼마 있다 너희는 웨스트민스터 가라고 하고 나는 중국선교가게 되었지요. 나는 중국말 한마디도 모르고 내 아버지가 중국에 있었어도 가보지도 않았어요. 그런데 그렇게 가서 공,맹을 낳은 산동에 가서 이십년 간 있었어요. 거기 가서 참 중국사람을 통해 많이 배우기도 하고 또 에반잘리칼 교회를 세우기도 하고 했어요. 노회가 셋이나 되었어요. 교동노회 동해노회 래양노회. 중국에 중화기독교회가 117대회와 121노회인데 우리가 세 노회에요. 하나님의 큰 은혜로 했지요. 중국서도 놀랬지요. 중국에서 대륙을 선교하다니 자기네들은 생각도 못했는데. 공맹의 윤리와 도덕은 성경말씀과 가깝다. 이건 길선주 목사님의 원칙이에요. 그래서 중국선교를 시작한 거에요.

17. 숭실학교의 폐교 소식을 듣고

설충수: 목사님, 평양숭실학교가 신사참배문제로 반대하면서 폐교하지 않았습니까? 목사님은 이런 신사참배문제들 어떻게 이야기하고 이해하셨는지요?

방지일: 나 이십대에는 신사참배를 강요했는데 학교부터 하지 않았어요. 그래서 윤산온 맥큔이 숭실학교 교장도 되고 숭실전문학교 교장 아니오? 그래 숭실전문학교는 총독의 관리이고 숭실학교는 평안남도의 관리거든. 평안남도 교육부에서 교육청에서 모든 중학교 교장들 다 모여놨는데 맥큔이 거길 갔단 말이에요. 신사는 종교가 아니고 국가의식으로 하는 것이니 아무런 신앙의 저촉이 없으니 학교에서도 국가의식으로 해야 한다고 그랬던 것이에요. 윤산온이 나는 못하오 하고 했어요. 그랬더니 파면, 당장 파면되었지요. 그래 윤산온이 거기서 대성통곡 크게 울면서 나와서 추방되어 미국가지 않았습니까? 윤산온 추방한 것은 일본이 큰 실수를 한 거에요. 미국가서 얼마나 설교를 많이 했어. 반일(反日)하는데 윤산온의 공이 컸어요. 대동아전 하지만 일본이 패하지 않았소? 그때 산동에서 설교하는데 우리들이 뭐 관계한 것은 아니에요. 나도 선교사 가려고 생각도 안하고 웨스트민스터 다 가려고 했지요. 박윤선이나 김진홍 다 내가 보증을 해 주었어요. 보증은 세 사람을 얻어서 한 달에 이백 불씩 미국으로 보내는 거에요. 세 사람이 묶이면 이 사람들이 돈을 보내냐? 안 보낸다면 서로 거짓말을 하고 보낸다면 보내는 것이 아니에요. 박태준이도 시험에 여섯 번 다 떨어져 울었다고요. 말도 잘하고. 다른 사람

은 기도 많이 하고 바로 첫 강의 끝나고 이 사람들이 돈 보내냐 안 보내냐 물으니 씩 웃으면서 거 선생님이 더 잘 아시는데 저한테 물어요. 뭐 제게 물어요 하니 선생이 오케이 하고 허락을 해 준거에요. 당장에 받아 왔지요. 그렇게 다 해 놓았지만 나는 안 가고 중국가게 된 거에요.

설충수: 특별히 신사참배문제를 당시 윤산온 교장의 학생들, 평양숭실학교 학생들은 어떻게 이해하였는지요?

방지일: 나는 중국가서 모르고 그 다음에 학교가 다 신사참배하지 않았어요? 그러니깐 평양성의 우리 목사들이 주기철목사 모셔오자, 마산에 있었거든요. 그래서 오시오 당신이 지금 학교는 다 무너졌는데 교회도 이제 들어오게 될 텐데 당신이 와 지켜야 되겠다하고 주기철 목사를 모셔왔거든요. 주기철 목사는 둑을 높이 쌓자 물이 못 넘어오게 그래 매일 같이 기도하고 그러다가 나는 중국으로 가고 1939년에 평양 서문밖교회에서 홍택기 목사가 회장될 때에 신사참배를 가결한 거에요. 가결된 것은 나는 들어와서 들었지만 그걸 한국목사들이 못되서 그랬다, 종교유린했다 강간당했다고 하는 거에요. 내가 들어와서 들으니 홍택기 목사 때 아예 총대, 각 지방의 노회 총대 있잖아요 총회 가서 발언을 반대할 사람은 아예 안 보냈어요. 아예 안 보내고 가서 찬성할 사람만 골라 보냈어요. 그래 반수만 갔단 말이에요. 그 다음 대회하는데 한 사람이 물론 일본경찰에게 이용당했지만 이건 종교의식이 아니고 국가의식으로 하는 거니깐 우리 신앙에 아무 저촉이 없으니 우리 종교의식 말고 국가의식으로 하는 것이 합당하다 한 거에요. 동의했어요. 재청은 하지 않았어요. 그리고 총대 하나에 형사 둘씩 붙어 있어요. 반대 발언할 사람은 말 못하게 하고 홍

택기가 국가의식하기로 한다 동의했어요. 재청은 하지 않았어요. 뭐 통과되었단 말이에요. 그래서 우리 죄도 다 회개하고 취소도 했지만은 억지로 강간당한 거와 같아요. 강간하면 자기가 강간 당했지 자기 종교를 지킬 수 있겠어? 나는 그렇게 봐요.

설충수: 목사님, 특별히 중국에 계시면서 평양숭실학교가 신사참배 반대로 폐교가 되는 소식을 들었을 텐데.

방지일: 들었지요. 뭐 그건 아주 잘 한 일이라고 보아요. 신사참배하고 학교하느니 폐교하고 그랬으니, 좌우간 숭실이야 대학교 가운데 산 대학이지. 오직 하나의 죽었다 산 것이 숭실이지. 그것 밖에는 없어요. 이게 우리 큰 자랑이에요. 그 다음 교회도 다 회개도 하고 좌우간 일본이 실격가운데 큰 실격이지요.

18. 숭실 재건의 소식을 듣고

설충수: 목사님 아직까지 중국에 계셨을 텐데요. 숭실학교가 54년도에 서울에서 다시 재건을 했는데 중국에서 들으면서 어떤 감회이셨는지요?

방지일: 내가 57년에 왔어요. 재건한 다음에 왔지요. 오니깐 숭실학교 재건했는데 죽었다 산 학교 아니오? 그러니깐 아무리 숭실학교 신입생이 얼마나 되느냐 또 대전대학교하고 합친다 나도 이사도 했거든요. 합한다 합하는 것도 좋다. 김형남 장로랑 열심히 가서 나무도 심고 뭐 숭실에 대한 애착이야 말할 것도 없잖아요. 얼마나 기뻤는데요 이번에 가니깐 숭실대학 학생이

만오천 명이라고 들었어요. 뭐 이제 숭실이 살았어요. 진리와 봉사 학교이념을 그대로 살려 나가는구나. 내가 보기에 한총장이 잘 했어요. 너무 고마워요.

19. 숭실대학에 대한 바램

설충수: 목사님, 이어서 질문을 드리면 지금 숭실대학이 기독교대학이지 않습니까? 그리고 만오천 명이라는 큰 종합대학으로 성장을 하고 있고요. 앞으로 목사님이 우리 숭실대학교에 바라고 싶은 점들이 있으면 한 말씀 부탁 드립니다.

방지일: 뭐 세속학교보다는 우리 숭실학교는 선교사 가운데 그 누구더라 그 양반이 나한테 그랬어요. 그 사람도 나도 이산데. 방 목사님, 숭실학교 크게 되는 거 바라지 마세요. 작아야 됩니다. 작아야 신앙을 지킵니다. 크면 신앙 못 지킵니다. 매일 그랬어요. 예일대학 하버드대학 다 우리 기독교 학교를 세웠는데 크니 신앙이 없어졌다고요. 안된다고. 우리 숭실학교 신앙을 지켜야 한다고. 자 우리 숭실은 초기에 회고를 보면 애로도 많았지요 그러나 신앙을 지켜왔어요. 지금에 와서는 내가 보니 활기가 넘쳐 보여요. 경영진이 알찬 이들이 나오는 것 같아요. 사실은 그 다음에 알았지만 어떤 사람이 반대 안했으면 그 흑석동의 중앙대학교 다 없어지고 다 우리 거에요. 거기 돈 몇 푼 안주고 살 수 있는 곳이에요. 신학교 여자대학하고 숭실대학하고 다 할껀데 심하게 반대하는 사람이 있었어. 그래 숭실대학만 하게 되었지. 여자대학도 나가고 다음에 다 나

가는데 총회본부도 나가고. 그 동산이 전부 숭실 꺼에요. 얼마 안 주고 살 수 있었는데 다 그렇게 하기로 했는데 총회 임원가운데 반대하는 이가 있어 그렇게 못했단 말이에요. 참 분한 일인데 그러나 숭실이 잘 되는 모습을 보니 숭실은 살았어요. 죽었다 산 학교이니 염려할 것이 없어요. 하나님께서 안 지키시겠어요?

제3부

한국기독교의 산동선교

1. 여는 말

산동지역 중 한국선교사들이 활동한 지역은 6개 현 즉 래양(莱阳), 즉묵(即墨), 평도(平度), 소원(招远), 루하(楼霞), 해양(海阳)이다. 이 지역의 인구는 370-80만으로 한국의 평안남북도와 황해도 인구를 합한 것과 비슷하다. 이 인구 중 불과 5천여명이 신자이다. 이것은 760명 중에 한 사람이 신자로 나머지가 복음을 기다리는 사람이라고 한국선교사들은 보았다. 한국교회는 불과 복음을 받아 들인지 30년도 안되어 해외선교를 실시했다. 당시 한국교회에 해외선교는 중국선교이고, 문화적, 지역적 원인 등에 의해 산동선교를 결정했다. 대부분의 중국선교는 서방교회에 의해 이루어졌다. 이런 분위기 속에서 한국선교사들을 걱정하는 우려도 있었지만 한국교회는 인적, 물적 자원을 자신의 힘으로 마련해 최초의 외국인 선교라 할 수 있는 산동선교를 시작했다. 서방교회의 중국선교에 비해 그 규모가 작지만, 어떻게 한국교회가 산동선교를 진행하고 중국교회에 어떤 의의를 남겼는지 살펴보는 것은 또 다른 중요성을 지닌다고 생각한다. 여기서 우리는 한국교회가 선교를 결정하게 된 동기와 그 구체적인 인물중심의 선교현황, 그리고 한국교회 산동선교가 중국교회에 주는 의미가 무엇인지 살펴보도록 하겠다.

2. 한국기독교의 부흥운동과 선교요청

• 1907년 대부흥운동

1907년 1월 평양 장대현(章臺峴)교회에서 열린 사경회를 통해 한국교회의 대부흥운동이 일어났다. 이 부흥운동은 선교사들의 기도모임이 도화선이 되었다. 1903년 원산(元山)에서 감리교 선교사들은 중국에서 선교활동을 하던 화이트(M.C.White) 여선교사의 내한을 계기로 기도회를 가졌다. 이 모임은 장로교 선교사 및 일부 한국 교인 그리고 동아기독교(침례교)의 인사들까지 참석한 연합기도회 모임으로 발전했다. 기도회 모임 중 하디(R.A.Hardie,河鯉泳)[71] 선교사가 선교사로서의 자신의 무력함을 고백하는 통회의 기도를 드렸다. 이것이 발단이 되어 원산, 평양, 삼남지방 목포까지 전국각지에 부흥운동이 전개되었다. 하디 선교사는 과거 3년동안 강원도 일대에서 나름대로 최선의 노력을 다하였으나 아무런 결실이 없었던 자신의 무능함을 솔직히 털어놓았던 것이다. 뿐만 아니라 실패의 원인이 자신의 신앙적인 허물, 즉 한국인 앞에 백인으로서의 우월의식과 자만심에 찼던 권위주의에 있었음을 고백했다.[72] 이것은 초기 선교사들의 겸허한 자세는 사라지고 선교사 개인의

71) 캐나다 출신 의료선교사로 남감리회에서 파송되었다.
72) 한국기독교역사연구소,『한국기독교의 역사 I』(서울:기독교문사, 2008), 268.

안신입명을 추구하는 자세로 변화된 것에 대한 반성이었다. 여기에는 중국선교사들의 선교활동보고를 통해서도 한국선교사들이 상당부분 자각심을 지녔다. 선교사들 안에서 터진 자성의 목소리, 즉 회개의 기도는 외국인 선교사와 한국인교인 사이의 갈등과 반목을 해소하는 요인이 되었다.

이렇게 시작된 회개운동은 1907년 1월 평양 장대현교회의 사경회를 통해 더욱 크게 확대되었다. 당시 길선주 장로(이후 목사가 됨)는 새벽기도회에서 성령의 임재를 느끼고 세례요한처럼 회개의 메시지를 선포했다. 사경회 마지막 날(1월 15일)의 일이다.

> "길장로의 설교가 있은 뒤 집으로 돌아갈 사람은 돌아가라고 했다. 그러나 근 6, 7백명이 기도하기 위해 남아 있었다. 우리와 몇몇 선교사들은 길씨와 주씨 두 사람을 위해 특별기도를 했다. 그들은 그들의 생활에서 회개할 것이 있었기 때문이었다. 그런데 갑자기 길씨가 일어나 자신은 형제들을 질시했음 뿐 만 아니라 특히 방위량(W.N.Blair)선교사를 극도로 미워했음을 회개한다고 하며 보기에도 비참할 정도로 땅바닥에 굴렀다…. 한 교인이 또 일어나 자신의 죄를 자복하기 시작하였는데 그는 음란과 증오,특히 자기 아내를 사랑하지 못한 죄 뿐만 아니라 일일이 다 기억할 수 없는 온갖 죄를 자복하였다. 그는 기도하면서 스스로 억제할 수 없을 정도로 울었고 온 회중은 따라 울었다. 우리는 그 순간, 살아계신 하나님 앞에 있음을 분명하게 느꼈다."[73]

이와 같이 부흥운동은 개인적 내면의 죄를 회개할 뿐만 아니라 사회도덕적으로 이웃에게 피해를 입힌 행위에 대한 뉘우침과 용서를 비는

---

73) 길진경,『灵溪吉善宙』(서울:종로서적, 1980), 192-93.

실천적인 회개운동으로 전개되었다.[74] 한국기독교는 부흥운동을 통해 기독교의 순수한 신앙과 정신을 한국기독교에 뿌리내릴 수 있었으며, 한국인 신자와 선교사간의 이해와 화해를 증진했다. 그리고 이 부흥운동은 한국교회와 교인의 도덕적 향상에 크게 기여했으며, 또한 성경공부와 기도의 열심을 더욱 고양시키는 계기가 되었다. 이렇게 형성된 한국기독교의 부흥운동은 이후 복음주의적인 한국교회의 정형을 이루는 성경중심의 신앙을 발전시켰다.[75]

한국기독교의 부흥운동은 외적으로 당시 주변국가 기독교에 영향을 미쳤다. 교회사학자 라투렛(K.S.Latourette)은 지적하기를, 1908년 한국기독교의 부흥운동을 통해, 뚜렷한 종교적 운동(remarkable religious movement)이 만주에서 일어났다고 했다.[76] 중국 요양과 봉천에서 선교활동을 하고 있던 장사정(张赐祯)과 호만성(胡万成) 목사 등이 평양부흥운동을 직접 목도하고 돌아가 중국교회의 부흥과 재건을 위해 부흥사경회 운동을 전개했다고 한다.[77] 뿐만 아니라 한국기독교의 부흥운동은 중국산동성에 보낸 한국선교사들을 통해서도 중국교회에 전달되었다.

한국기독교의 부흥운동은 또한 교회의 내적 조직과 정비를 보다 가속화시키는 계기가 되었다. 한국에서 주로 활동한 미북장로회, 남장로회, 호주장로회, 캐나다장로회 4대 선교회는 1893년 세칭 영어공의회를 조직하고 1901년 한국어 공의회를 변경해 한국인 교회지도자를 공의회에 참석시켰다.[78] 이 선교공의회가 발전해, 1907년 9월 17일, 평양 장

---

74) 한국기독교역사연구소, 위의 책(2008), 271.
75) 위의 책, 273-74.
76) K.S.Latourette, *A History of Christian Missions in China* (cheng-wen publishing , 1966), 574.
77) 한국기독교역사연구소, 위의 책(2008), 273.
78) 김교철, "중화민국산동선교사 박태로선교사 연구"(미간행, 인천, 중국선교연구회, 2006), 11.

대현교회에서 장로교 최초의 노회가 결성되었다. 대한예수교장로회노회는 12개신조의 장로회신경(confession of Faith)을 채택해 엄격한 칼빈주의의 신앙노선을 견지했다. 형식적으로 말해 노회설립은 이전의 외국선교부에서 독립된 조직을 결성했다는 의의를 지녔다. 그러나 신경채택과정에서 보면 한국장로교회는 여전히 서방선교사들의 철저한 근본주의적(fundamentalism) 보수신앙의 영향을 받고 있었다.[79] 노회는 평양신학교 1회 졸업생 7인 즉, 한석진(韩锡晋), 서경조, 양전백(梁甸伯), 길선주(吉善宙), 방기창(邦基昌), 이기풍(李基丰), 송인서(宋麟瑞)를 목사로 안수했다. 이로써 한국장로교 최초의 목사들을 배출하게 되었다. 이 7인 중 이기풍목사는 제주도 선교사로 파송되었다.[80] 한국장로회는 제주 선교뿐만 아니라 중국선교에 대한 의견도 제출되었다.

> "우리는 불원에 우리나라 전역에 복음을 전파하게 될 것이다. 그렇게 되면 흑암 속에 묻혀 있는 수억의 중국인들에게 미국 교인들이 우리에게 한 것처럼 선교사를 보내어 그리스도를 통한 구원의 도를 전하는 의무를 수행하게 될 것이다."[81]

이를 통해 보면, 대한예수회장로교 노회는 그 시작부터 선교를 중시했다. 1907년은 한국 역사적으로 국권상실의 시기이다. 이 시기에 한국교회는 부흥운동을 통해 도탄에 빠진 백성을 위로했다. 이로써 한국교회는 도덕성을 향상했으며, 성경을 중심으로 하는 복음주의적 자세(신

79) 한국기독교역사연구소, 위의 책(2008), 285.
80) 『朝鲜耶稣教长老会独会会议录』(1907), 18-19.
81) 이것은 길선주 장로의 말이다. S.A.Moffett,(1906), 김양선, 『한국기독교사연구』(서울:기독교문사, 1973), 109. 김교철, "중화민국산동선교사 사병순목사 연구"(미간행, 중국선교연구회, 2003), 8.

학)를 확립했다. 그리고 점차 서방선교회와 독립된 조직으로 발전해 나갈 수 있었다. 다시 말해 부흥운동은 한국교회의 영적인 깊이를 더하는 신앙운동이었다. 부흥운동은 이제 한국교회가 더 이상 어린 교회가 아니라 영적인 성숙을 지향하는 교회로 발전하는 계기가 되었다. 부흥운동을 통해 점차 해외선교를 지향하게 되었다. 그러나 일각에서 부흥운동은 한국교회가 민족문제를 등한시 하는 비정치화 노선을 걷게 되었다고 비판한다.[82)]

3. 한국기독교 중국산동선교의 이유와 인물론

1) 산동선교의 이유와 난관

부흥운동에 힘입어 한국교회는 점차 해외선교를 시작할 수 있었다. 이전까지 한국교회는 미주, 일본, 만주, 시베리아 등 주로 해외한인들을 대상으로 선교사업을 전개했다. 장로회의 중국산동선교를 시작으로 본토인을 대상으로 하는 해외선교가 실시되었다. 1912년은 9월 1일 예수교 장로회 한국총회 제1회가 평남 평양 경창문안 여성경학원에서 개최되었다.

> "로회를 시작할 때에 제쥬에 선교사를 보냄으로 신령한 교회를 세워 하나님께 영광을 돌림으로 우리의 기쁨이 충만한 바이온즉 지금 총회를 시작할 때에도 외국전도를 시작하되 지나(중국)등지에 선교사를 파

82) 한국기독교역사연구소, 위의 책(2008), 276.

송하기를 청원합니다."[83)]

노회성립을 기념해 제주도에 선교사를 파송했으며, 총회성립을 기념해 중국선교를 결의했다. 총회는 이 결의를 통해, 다음해 즉 1913년에 3명의 한국선교사 박태로(朴泰魯), 사병순(史秉淳), 김영훈(金永勛)을 중국산동성에 파송했다. 이로써 한국장로교회는 그 성장과 함께 해외선교의 역량을 발휘할 수 있었다.

그럼 한국장로교회는 왜 중국을 해외선교의 첫 대상으로 삼았는가? 방지일은 그의 책『임마누엘』에서 말하길, "우리는 과거에 문화를 이웃 중국에서 받았으니 그들에게 생명의 복음으로 갚자고 선교지역을 정한 것이다."[84)]고 했다. 문화를 복음으로 갚는다는 의도에서 산동지역이 한국장로교회 선교지역으로 정해졌다. 또한 양 국가간의 인접성이 중국 산동선교를 촉발했다. 중화기독교회년감에서는 한국교회의 산동선교를 언급하면서 말하길, "고려와 중국은 경계가 서로 인접하고 민정 풍습 또한 많은 곳에서 같다. 국경의 인접은 강 하나를 사이에 둘 뿐이다"[85)]고 했다. 이를 통해서 보면, 한국과 중국의 인접성은 한국이 해외선교대상으로 먼저 중국을 선택하기에 좋았음을 방증하고 있다. 이런 양 국가의 인접성은 문화, 종교 등에서도 많은 영향을 미쳤다. 한국의 유교, 불교 등은 대부분 중국에서 전래되었다. 산동성은 이런 중국문화, 종교의 발원지이며, "만인에게 존대를 받는 공맹의 출생지"이다.

"산동은 중화28성중에 다방으로 굴지하여 유명한 곳이다. 중화의 종

83)『조선예수교장로회총회 제1회 회록』(1912)
84) 방지일,『임마누엘』(서울:선교문화사, 1996), 16.
85) 白永晔、金弘叙, "韩国教会宣教山东记略",『第五期中华基督教会年鉴』, 81.

교, 중화의 도덕, 중화의 예의, 중화의 문학, 중화의 문명, 중화의 정치, 중화의 사업, 중화의 미술, 중화의 혁명, 기타 모든 것이 다 산동에서 발원이 되었다."[86]

이런 이유 때문에, 한국교회는 중국 산동성을 중국의 모든 종교, 문화, 도덕 등의 발원지로 여겼다. 그러나 현재의 상황은 이전과 판이하다. 산동은 전(全)중국에 비해 극빈, 극고난의 생활을 하고 있다. 이것은 도리어 산동사람들을 각지방으로 흩어지게 했다. 이런 현재상황하에서 한국인선교사들은 바로 이런 산동 "백성에게 복음을 전하는 것은 전 중화에 복음을 뿌리는 것이며, 또 그렇게 될 줄 믿는다."[87]고 여겼다. 산동 사람은 전 중국 사람에게 존대를 받으며, 또한 산동인의 현실형편 때문에 전 중화로 흩어졌다. 마치 "오순절에 많은 사람이 예루살렘에 놓여 은혜를 받고 도처에 교회가 일어난 것같이" 산동 사람에게 복음을 전하는 것은 중국을 복음화하는 시작이라고 여겼다. 이 때문에 한국교회는 산동을 한국선교의 발원지로 여겼다.

또한 한국교회는 중국의 정치적 상황을 고려해 중국선교를 결정했다. 홍승한은 이에 대해, "민국이 성립된 후로는 상하인민의 사상과 풍속이 일변하여 외국선교사와 교회를 특존특대하며"[88]라고 했다. 민국시대 이후 중국각지에 전도의 문이 대개(大开)함에 따라 중국선교를 결정할 수 있었다. 한국교회는 중국을 통해 기독교를 받아들인 지 30년 만에 다시 중국에 복음을 전할 수 있었다. 이 때문에 중국산동선교는 한국교회에 중요한 의미를 지녔다.

---

86) 방효원, "산동선교에 대하여", 『게자씨』 (통권제68호, 1937년 4월), 15.
87) 방효원, 위의 글, 16.
88) 홍승한, "중국산동성래양선교소식", 『신학지남』 (제3권 제2호, 1920년 7월 20일), 244.

그러나 산동선교가 생각한 것만큼 쉬운 것은 아니었다. 특히 중국인 중 산동인의 사상적 자존자대는 선교의 걸림돌이라고 여겼다.[89] 산동성은 역사적으로 중국의 유명한 성현, 군자 등을 배출했으며, 도덕, 문화의 발달도 산동성에서 시작되었다. 이 때문에 산동 사람의 사상은 자연히 자존자대해 자기의 성인, 도덕, 문화보다 더 좋은 것이 없다고 여겼다. 또한 한국선교사들은 사상적 관계뿐만 아니라 문자적 관계가 선교의 난관이라고 보았다. 즉 중국어는 학습하기 어렵다. 이 때문에 유식한 사람은 스스로 알고 스스로 교만하여 입교하는 자가 많지 않고 무식한 사람은 자굴자폭(自屈自暴)해 입교하는 자가 역시 적다고 여겼다. 또한 산동 사람은 타성 사람(他省人)을 하대하는 습속이 있어 심지어 외국인 또한 박해를 받았다고 지적했다. 이런 몇 가지 점에서 한국선교사들은 산동선교의 난관을 설명했다.

2) 산동선교사 인물론

a. 박태로, 김영훈, 사병순

대한 예수교 장로회는 1912년 제1회총회 결의에 따라 1913년 삼인 박태로, 김영훈, 사병순을 중국산동선교사로 파송했다. 장로회는 먼저 노회 안의 7대리회를 발전시켜 7노회로 승격시켰으며,[90] 1907년의 독노회를 총회로 발전시켰다. 박태로는 1912년 6월 30일 제2회 황해노회에서 목사안수를 받고 재령읍교회 위임목사로 시무했다. 황해도는 한국 기독교상 중요한 의미를 지니는 곳이다. 한국 개신교 최초의 교회가 서방선교사들이 내한하기도 전에 한국인들의 손에 의해 세워졌나. 이 교

89) 홍승한, 위의 글, 242.
90) 전라노회, 경충노회, 황해노회, 경상노회, 남평안노회, 북평안노회, 함경노회.

회가 1884년 황해도 송천(松川)에 세워진 송천(소래)교회이다.[91] 황해도는 주로 미국 북장로회와 미북감리회가 주도적으로 선교한 지역인데, 1898년 이미 해주와 송천을 중심한 황해도 서부지역에 42개의 예배처소와 14개의 교회가 세워졌으며, 600명이상의 세례교인과 350명의 학습교인이 있었다.[92]

박태로는 황해도 봉산상굴교회 출신으로 1898년(당시 그의 나이 18세)부터 신앙을 갖기 시작했다. 그는 1912년 평양신학교(한국예수장로회신학교)를 5회 졸업생으로 졸업했다. 1911년 황해노회가 조직될 당시 그는 장로안수를 받아 교회시무를 담당했다. 1912년 황해노회에서 목사로 안수 받고 그는 재령읍교회 위임목사로 임명되었다. 당시 재령읍교회는 서방선교사 한위렴(W.B.Hunt) 등이 시무한 교회로 큰 교회였다. 한위렴 선교사는 네비우스 선교방법의 확고한 제창자로서 황해도 교회발전에 지대한 영향을 미쳤다. 이런 그의 영향 하에서, 박태로 목사는 최초의 한국인 중국선교사로 임명되었다. "교회의 모든 목회자가 해외선교(foreign service)를 위한 지원자가 된다는 것은 한국에서 흥미 있는 일이다."[93]고 지적한 곽안련(郭安连) 박사의 말처럼, 당시(1910년대) 한국교회의 목회자들은 모두 해외선교의 준비가 되어 있었다. 재령읍교회의 위임목사인 박태로는 많은 신도들의 눈물 속에서 중국 산동으로 떠날 수 있었다.

박태로는 1913년 5월 평남 안주교회의 김찬성(金灿星)목사와 함께 중화예수교장로회 화북대회에 산동지역 선교지 허가를 받기 위한 교섭자격으로 먼저 산동을 방문했다. 두 사람은 한국교회의 산동선교를 화북

91) 『대한예수교장로회총회 창립50주년약사』(1962), 24.
92) 김교철, "중화민국산동선교사 박태로선교사 연구" (2006), 10.
93) C.A.Clark, *The Korean Church and the Nevius Methods*(Fleming H.Revell Company, 1929), 161.

대회에 제출했다. 그러나 화북대회 중에 어떤 한 유명하며 유력한 회원이 이에 대해 이의를 제기했다.

> "중화는 고대의 문명국이오 역사가 심장한 대국이며 세계 4분지1의 인구를 가진 국가라 교만과 자존심이 많아 자칭 대국이라 하야 소국을 멸시하는 고래적 습행이 있으니 중화와 한국은 자고로 관계가 되어 대소와 早晩의 차별을 둔 관계로 한국교회가 중화에 선교는 다방으로 고난이라"[94]

그러나 이런 이의에도 불구하고, 화북대회는 일치 가결로 한국교회가 산동에 선교하는 것을 허락하였으며 산동성 한가운데인 래양현을 한국선교구역으로 권하였다.[95]

박태로는 짧은 산동성 시찰을 마치고 돌아와, 그 해 가을 11월에 김영훈, 사병순과 함께 다시 산동성 래양현에 도착했다. 그들은 먼저 래양현 서문 내에 이주했다. 그러나 이전과는 다른 문화, 식습관, 언어 등은 그들에게 많은 충격으로 다가왔다. 박태로는 그의 동료들과 함께 선교지에 도착한 이후 문서를 통한 전도를 시작하였고, 1915년 가을과 겨울에 5-6인의 신입교인을 얻어 교인이 모두 30여명에 이르게 되었다. 세 명의 선교사는 "전도하는 방법과 교회를 치리하는 것을 개량하여다 진리대로 행하고 주일강론회와 수요일 기도회를 설립했다"[96]고 보고하고 있다.

그러나 박태로는 질병으로 인해 1916년 5월 같이 온 선교사들을 떠

94) 방효원, "산동선교의 대하야", 『게자씨』(제66호, 1937년 2월), 30.
95) William N. Blair, "Mission Work of the Korean Presbyterian Church", *The Korea Mission Field*(March, 1916), 190.
96) 『제4회총회록』(1915), 10-11.

나 본국으로 귀환했다. 고향 봉산 사리원에서 요양을 취하였으나, 병이 나아지질 않아 경성 세브란스 병원에 입원했지만 별 차도가 없었다. 이렇게 치료하던 중, 나머지 두 명의 선교사들이 전도국의 허락 없이 선교지를 떠나는 일이 발생했다. 이것은 한국장로회의 중국선교사업의 위기를 의미했다. 총회 전도국은 박태로 목사를 방효원목사와 함께 먼저 임시로 다시 파송했다. 1917년 5월 7일 박태로, 방효원 목사는 수로와 육로를 이용해, 9일만에 선교지 래양에 도착했다. 많은 중국신도들이 10리 밖에 나와 이들을 영접했다. 병환 속에서도 박태로는 전도와 교회시무를 담당했다. 그러나 신병으로 인해 다시 연태로 나올 수 밖에 없었다. 박태로는 다시 본국으로 귀국해 병을 치료했지만, 나아지질 않았다. 한국교회와 래양교회의 기도에도 불구하고, 그는 1918년 9월 6일 황해도 봉산 사리원 자택에서 안면했다.[97]

김영훈은 1888년 평북 의주에서 출생했다. 그는 마포삼열의 세례를 받고 기독도가 되었으며, 마포삼열의 조사로 활동하다 1913년 사병순과 함께 평양신학교 6회 졸업생으로 졸업하고 목사가 되었다. 그는 박태로, 사병순과 함께 한국총회가 파송한 산동선교사가 되었다. 어려서 한학을 익힌 그는 한국 500년의 근간이 된 유교에 감사하여 유교를 창시한 공자의 고향인 중국 산동에 복음을 전할 목적을 가지고 있었다.

김영훈은1913년 11월 산동 래양현에 도착했다. 중국어를 배우면서 그는 서방선교사들이 중국문자를 알지 못한 것과는 달리 필답으로 중국인들과 소통하며 전도할 수 있었다. 다른 선교사와 동일하게 문화적 충격 속에서도, 전도와 교회 치리, 주일설교 등을 감당했다. 그의 서신에 의하면, 세 명의 목사들은 1915년 가을과 겨울에 5, 6인의 신입교인을 얻었으며, 성탄절에는 30여명의 교인들이 합동 연보해 감옥에서 죄

97) 김교철, "중화민국산동선교사 박태로선교사 연구"(2006), 38.

수들에게 전도할 수 있었다고 한다.[98] 세 명의 선교사가 연합하여 결실을 맺어나가고 있음을 알 수 있다.

그러나 1916년 박태로의 신병문제로 귀국함에 따라, 김영훈, 사병순은 고민할 수 밖에 없었다. 문화적 충격, 자녀교육문제, 건강, 경제문제 등으로 인해 더불어 당시 중국의 가뭄으로 인한 물가상승 등의 원인 때문에 1917년 4월에 그들은 선교지를 떠날 수 밖에 없었다. 이 과정 중 이들은 총회의 어떤 승락도 없이 선교지를 무단으로 이탈했다. 김영훈은 1927년 기독신보에서 이에 대해 다음과 같이 말했다.

> "당초 아(我)의 철귀한 본의는 선교를 불가능이라 함도 아니요 불가라 함도 아니라 단 전도국으로 하여금 선교사업에 대하여 시설을 상당케 하기 위함이다. 도금(到今)하야는 선교사에게 향하여 시설과 범절이 서양부국과 같이 유족하다 할 수는 없으나 빈약한 우리로서는 성(정성)과 력(힘)을 진하였다 하여도 과언이 아닌 듯하다. 그러면 아는 철귀함으로 목적을 달하고 선교의 문로를 개척한 줄 자신하고 영광과 찬송을 신에게 귀한다."[99]

여기에서 보면 경제적 원인이 선교사철수의 큰 문제였음을 알 수 있다. 그러나 총회와 어떤 상의 없이 무단으로 선교지를 이탈한 것은 선교사로서의 중요한 신분을 망각한 것으로 불명예스럽게 선교사직을 마치게 되었다.[100] 그러나 이 문제에 대해, 당시 조선예수교장로회 총회는 관대한 조치를 내렸다. "산동 선교사로 갔던 김영훈, 사병순, 박태로 3씨에게 위로하는 문안과 이후에도 주의 일을 보기를 바란다는 뜻으로

---

98) 『기독신보(基督申報)』(1916년 1월 26일).
99) 김영훈, "山東宣教異議에 對하여", 『기독신보』(1927년 7월 27일).
100) 김교철, "중화민국산동선교사 박태로선교사 연구"(2006), 35.

편지하되 회장과 서기에게 맡겨 하기로 동의 가결하다."[101] 이런 조치로 김영훈은 귀국 후 미국으로 건너가 목회를 하다 미국생활을 정리하고 다시 귀국해 장로회 목사로 활동했다. 1927년 제16회 한국예수교장로회 총회에서 총회장으로 선출되었다.

사병순은 1878년 평안남도 평양에서 출생했다.[102] 그는 어려서부터 신앙을 갖기 시작해 장로가 되었고, 1909년 제3회 예수교 장로회 대한노회에서 그는 남평안 대리회의 총대로 참석했으며, 1911년 남평안 대리회의 서기가 되었다. 평남지방은 많은 서방선교사들이 들어와 선교한 지역으로 사병순은 선교사들과 교제하면서 선교에 대한 생각을 지녔을 것으로 본다.

1909년 그는 평양신학교에 입학해, 1913년 김영훈과 함께 6회 졸업생으로 졸업했다. 그의 목사안수와 함께 평남노회(남평안대리회)는 제5회 회의록에서 "전도회 회장 길선주씨가 총회 전도국에서 사병순씨를 중화민국에 선교사로 보낼 것을 본회에 보고하매 감사한 마음으로 길선주,김 리제, 송인서가 기도하신 후 보고를 받다"[103]고 기록하고 있다. 그리고 평남노회는 제2회 총회에서 "사병순씨는 증산반석방에다리 교회에 소안론 목사와 동사목사로 세워다가 총회전도국의 청원을 의지하야 중화민국 선교사로 가기를 허락하였사오며"[104]라고 보고했다. 이를 통해서 보면, 사병순은 평남지방에서 유능한 목사로 중국선교사가 되기에 적합한 인물이었다.

1913년 11월 그는 박태로, 김영훈과 함께 산동 래양현에 도착해 언어와 문화를 익히며 중국선교를 준비했다. 다른 선교사들과 함께 협력선

---

101) 『제6회총회록』(1917년 9월), 40.
102) 김교철, "중화민국산동선교사 사병순목사 연구"(2003), 5.
103) 『제5회 평남노회록』(1913년 9월 3일), 2.
104) 『제2회총회록』(1913년 9월 10일), 45.

교를 실시해 철수 전까지 선교의 결실을 맺었다. 김영훈과 동일하게 그는 박태로의 소환 후 여러 어려움 속에서 선교지를 무단으로 이탈하게 된다. 귀국 후 사병순은 미국으로 건너가 은둔생활을 시작했다. 이후 그의 삶에 대해서는 간혹 고아원에 자선기금을 기부하거나, 1935년 천진한국인교회에 교역자가 없어 잠시 예배를 인도했다는 기록 정도가 전부이다.[105)]

박태로, 김영훈, 사병순은 한국예수교장로회가 최초의 해외선교지로 파송한 선교사이다. 비록 1기 산동선교사들이 신병소환과 무단이탈 등으로 귀국했지만, 복음전래 30년도 되지 않은 어린 한국교회가 해외선교를 통해 더욱 성장하는 교회로 나아갈 수 있었다. 이들의 경험과 실패는 다음 2기 산동선교를 준비하는 선교사들에게 중요한 교훈이 되었을 것이다. 이로써 한국교회 장로회는 시행착오들을 걸치면서 다음 산동선교를 준비할 수 있었다.

b. 방효원, 홍승한

1기 산동선교사의 무단이탈, 귀환은 당시 한국예수교장로회 총회에 겐 큰 충격이었다. 이 때문에 총회는 다시 박태로와 방효원을 임시로 산동성에 파송했다. 이들은 1917년 5월 8일 수로와 육로를 통해 다시 래양에 도착할 수 있었다. 이로써 2기 산동선교가 시작되었다.

방효원(方孝元)은 1886년 7월2일 평안북도 철산군 여한면에서 태어났다. 부친 방만준(方万俊)의 신앙 때문에 신앙을 갖게 된 그는 1909년 신성학교를 졸업하고 곧바로 평양신학교에 입학해 목회자의 길을 걷기로 결심한다. 신학과정 중 그는 조사로 영동교회를 담당했고, 1913년 김

105)『基督教报』(제91호, 1937년 1월 19일).

영훈 등과 함께 장로안수를 받았다. 그는 언더우드(元杜尤), 마포삼열 등 선교사들의 영향을 통해 선교를 준비하며, 목회자로서 훈련을 받아 1915년 6월 8회 졸업생이 되었다. 동년 목사안수를 받고 그는 로세영 선교사의 동사목사가 되어 영동, 동문, 보산, 가도 4교회를 담당했다.[106] 이후에도 중국선교사가 되기 전까지 영천교회 등을 담당했다.

1917년 평북노회는 방효원을 총회전도국의 위탁으로 중국 산동성 래양현에 4삭 동안 임시선교사로 허락하였다. 그는 박태로와 함께 1917년 5월 8일 산동 래양에 도착했다. 그러나 박태로가 신병 때문에 다시 귀국함으로 방효원 혼자 남게 되었다. 당시 그는 중국어를 알지 못했다. 이런 사정 때문에 총회전도국은 중국어를 할 수 있는 김병규(金炳奎)를 선택하여 임시 파송했다. 방효원은 8월에 일시 귀국해 산동선교의 필요성을 보고했다. 이것이 계기가 되어 제6회 한국예수교장로회 총회는 방효원과 홍승한을 2기 산동선교사로 파송한다.

방효원(方孝元)과 홍승한(洪承汉)은 1917년 10월에 산동 래양에 도착했다. 그들은 김병규 조사의 도움을 받으면서 언어를 익혔다. 그리고 외촌 등지를 다니면서 복음을 전도했다. 이들은 1918년 5월 화북대회에 정식으로 가입하여 래양성 삼십 리 사위의 지점을 선교지반으로 인수했다. 현지선교회에 가입하는 것은 원래 총회가 1913년 1기 산동선교사를 파송하면서 결정한 사항이었다. 즉 "지나(중국)에 파송하는 선교사는 자유교회를 설립하지 말고 그 땅 장로회와 연합할 것"[107]이었다. 이런 결정의 이행은 1918년에 이르러서야 가능할 수 있었다. 이로써 현지 중국교회와 보다 강력한 유대관계를 맺게 되었다. 그리고 그 해 가을 래양 남촌 석수두(石水头)에 복음당(전도실)을 설치했다. 이후 이들은

---

106) 『제8회평북노회록』(1915년), 8.
107) 『예수교장로회한국총회 제2회회록』, 2.

박상순(朴尚纯)과 함께 복음당을 발전시켜 래양 남관(南关)교회를 사역했다. 남관교회는 중국신도들의 노력과 한국선교사들의 노력이 합하여 세워진 교회로, 방효원은 1935년까지 이곳을 중심으로 선교활동을 전개했다. 이렇게 시작된 래양성 사방 30리 안에서의 선교는 1919년 11월 산동과 교동(胶东) 두 독회(督会, 노회(老会)를 말함) 의 동의를 얻어 래양 전경을 한국선교구역에 편입하게 되었다.[108)]

방효원은 남관교회 외에도 유과정(榆科顶), 하두점(河头店), 대분(大夼)교회 등을 인수받아 복음전도, 사경회, 성경학교 등 다양한 목회활동을 전개했다. 이로써 주변 많은 중국목회자들에게 칭찬을 얻었다. 이런 목회 명성과 한국선교사에 대한 배려 덕택에 1921년 11월에 산동과 교동 구회(区会)가 래양 남관교회에서 개최되었다. 두 구회는 한국교회 선교회의 소원대로 즉묵(即墨)성을 한국선교구역으로 허락해 주었다.[109)] 이를 통해 한국선교회는 두 개의 지(支)선교회를 성립할 수 있었는데, 하나는 래양 선교회로 회장은 방효원, 서기 겸 회계는 박상순, 다른 하나는 즉묵 선교회로 회장 겸 회계는 홍승한, 서기는 이대영(李大英)이 담당했다.

이후 방효원은 노회와 선교회대표 자격으로 1922년 중국 상해에서 개최된 3개 중화기독교대회에 참석했다. 먼저 장로회조직총회가 4월 20일에서 28일까지 대남문밖 청심당(清心堂)에서 개최되었다. 장로회조직총회에 대해 방효원은 다음과 같이 언급했다.

"중국에 선교한지 116년에 각처에 노회와 대회를 조직한지 삼, 사십 년

---

108) 박상순, "산동선교의 과거와 현재", 『신학지남』(1935년 11월호, 제17권 제6호).

109) 마로덕(马路德), "조선예수교장로회 중국선교사업 시찰사황", 『신학지남』(제4권 3호, 1922년 5월), 126.

이 되었으나 총회는 조직하지 못하여 선교사가 미국총회에 속하고 영국이면 영국총회에 속하여 몇 해에 한 번씩 보고하고 완전한 교회독립이 되지 못하여 중화전지에 6대회가 있으나 규칙이 불일치하여 혹 대회에는 장회를 독회라 하고 독회 혹 중회라 혹 구회라 하기도 하고 또 장로회라도 범사가 통일치 못하여 선교사측이나 중국교회측에서 큰 유감으로 생각하여 다년간 총회를 조직하려 하되 땅이 넓고 재정이 어려우며 언어가 불통함으로 마음은 있으나 이루지 못하며 이 일로 인하여 한 성에 한 사람씩 한 대회에 한 사람씩 3, 4차 회집, 상의하였으나 이 역시 용이치 않더니 인력은 미급하나 전능하신 하나님의 능력으로 금년에 조직총회를 회집 키로 작정하였다."[110]

이 장로회조직총회를 통해 장로회총회의 신경은 신구약전서와 요리문답과 사도신경으로 그리고 전장(典章)은 당의회, 구의회, 대의회, 총의회로 통과시켰다. 또한 구의회(노회)의 3분의 2의 허락을 통해 총회 신경(信经)과 전장(典章)이 될 수 있었다. 이것은 노회의 중요성을 드러낸 것인데, 이 노회대표 자격으로 방효원은 참석했고, 이 총회에서 "특히 중화전국장로회의 우리(한국선교회) 선교사업의 자초지종을 선전하는 중 특별한 칭찬을 사실에 지나치게 받았고"[111]라고 기록했다.

또한 연합공의회가 4월 28일에서 5월1일까지 상해 법계(法界) 천주당가 46호에서 개최되었다. 연합공의회는 4개교파 즉 장로회, 남감리회, 런던회, 미이미(美以美)회가 연합한 것인데, 장로회는 85명의 총대를 나머지 세 교파가 85명의 총대를 모두 170명이 이 공의회에 참석했다. 이 공의회는 네 교파의 구(舊)명칭을 전부 취소하고 중화기독교로 개칭해

---

110) 방효원, "산동래양선교상황(3)", 『기독신보』(1922년 7월 26일).
111) 방효원, "산동래양선교상황(4)", 『기독신보』(1922년 8월 2일).

중국선교에 대해 토론했다. 이 공의회에서 방효원은 한국선교회의 선교사업을 선전하여 찬성과 후대를 받았다.[112)]

마지막으로 기독교전국대회가 5월 2일에서 12일까지 상해 법계 시정팅에서 개최되었다. 방효원은 산동지역 북장로회 총대자격으로 이 대회에 참여했는데, 서방선교사 550명, 중국인 700명, 중,서에서 온 대표자 150명 합이 1400여명이 이 대회에 참여했다. 주지하듯, 이 대회는 중화귀주, 중화교회의 자립, 교회학교 등의 문제를 처리했다. 이 대회에서도 방효원은 한국선교회를 선전하여 특별한 칭찬과 흠모를 받았다.[113)]

방효원은 1923년에 래양에 교역자를 양성하기 위해 성경학교(래양성경학교)를 설립했는데, 이것은 한국교회가 외국에 외국인 선교를 위해 선교사를 파송하고 최초로 설립한 성경학교였다.[114)] 방효원은 이 학교 교장으로 1935년 한국예수교장로회 총회의 소환을 받기까지 종사했다. 방효원은 성경학교 외에도 포도단(铺道团) 즉 전도단을 결성해 복음을 전파했다. 또한 사경반(查经班)을 조직해 신도들을 교육시켰다. 이렇듯 방효원은 교회의 성장을 위해 노력했을 뿐 아니라, 산동지역교회조직의 결성에도 공헌했다.

1929년 산동노회장으로 피선된 루서법(娄书法) 목사는 방효원 선교사가 배양한 인물로서 당시 방효원목사가 담임하는 남관교회 전도목사로 시무했다. 1930년에 산동노회는 방효원을 산동 노회장으로 선출했다. 이렇듯 방효원은 중국인과 같이 중요한 역할을 맡아 중국교회를 섬겼다. 이것은 곧 그의 선교정신 즉, "화인이 못 되고는 화인에게 선교하기 어렵다"[115)]는 모습을 보여주고 있다. 방효원 이외에 여러 한국선교사들

112) 위의 글
113) 방효원, "산동래양선교상황(5)",『기독신보』(1922년 8월 9일)
114) 김교철,『방효원선교사의 중국산동선교역사연구』(서울:중국선교연구회, 2005), 67.

이 보여준 노력을 통해, 1932년 산동대회는 한국선교사들이 담당하는 구역을 분립하여 새로운 노회(구회)를 조직하기로 결정했다.[116] 이를 통해 1933년 래양구회(노회)가 성립되었다. 즉 한국선교사들이 중심이 된 노회가 탄생한 것이다.

1935년 한국예수교장로회 총회의 소환을 받기까지 방효원은 18년 동안 중국산동선교사로 활동했다. 방효원은 1935년 일시 귀국했다가 1936년 총회전도부 파송을 받아 상해한국교회를 담당했다. 그 후 1945년 해방 후 국내에서 목회했으며, 1953년 1월 별세했다.

홍승한은 1881년 9월 평북 의주에서 태어났다. 그가 언제부터 신앙을 가졌는지 알 수 없지만, 의주라는 지역특성상 어려서부터 신앙적 영향을 받았을 것이며, 또한 그가 1908년 방만준(방효원의 아버지)의 사위가 되었다는 것은 당시 그가 신앙을 지닌 독실한 신자임을 증명하는 것이다. 홍승한은 평북 철산지역에 세워진 여러 교회에서 수년간 조사로서 활동하다, 1909년 철산 영동교회에서 장로가 되었다. 1910년에 개최된 4회 독노회에 북평안 대리회의 총대자격으로 참석하기도 했다. 또한 그는 또한 1911년 4회졸업생으로 평양신학교를 졸업해, 그 해 가을 대구교회 청빙으로 목사안수를 받았다. 그는 부해리(Bruen) 선교사와 동사목사로 대구 남성정교회를 담당하며 교회를 크게 부흥시켰다. 그는 또한 총회에서 전도국 위원, 정치위원, 토지문건위원 등을 역임했으며, 1917년 총회에서 부회장으로 선출되었다. 총회는 이런 그의 목회자적 자질과 리더십 등을 보고 그를 중국산동에 파송하기로 결정한다.[117]

홍승한은 방효원과 함께 1917년 10월에 산동 래양에 도착했다. 그는

115) 방효원, "산동선교의 대하야", 『게자씨』 (제66호, 1937년 2월), 35.
116) 『제21회 총회록』 (1932년), 77.
117) 『제6회 총회록』 (1917년), 21.

먼저 조사 김병규의 도움으로 언어를 배웠으며, 언어가 유창해짐에 따라 전도와 교회 심방 등을 했다. 그는 방효원과 협력하여 선교와 목회를 잘 했으며, 이는 주변 중국교회 목회자와 미국 선교사들의 칭찬과 부러움을 가져오기도 했다. 1918년 화북대회를 통해 래양성 선교를 허락 받고 1920년 박상순과 함께 교동노회로 이명되었다. 교동노회는 산동성의 청도시, 즉묵, 평도 등 부근 지역관할 노회였다.[118] 방효원은 래양 동북 편을 담당했는데, 이곳은 산동노회에 속해 있었고, 홍승한과 박상순은 래양 서남 편을 담당했다. 이곳은 교동노회에 속해 있었다. 래양 서남 편에 있는 교회, 즉 조격장(赵格庄), 장관새(张官寨), 담명장(谭明庄), 원상(院上), 주모(朱毛), 고현(古岘), 여격장(吕格庄) 등을 인수받아 선교와 목회를 겸했다.

1921년 11월 산동과 교동구회의 연합, 회집을 통해 즉묵성이 한국선교회의 선교지역으로 정해지면서, 홍승한은 이곳을 개척하는 선교사가 되었다. 즉묵성은 당시 인구 140만 명이 거주하는 광대한 지역으로,[119] 독일 루터교 선교사 2명이 겨우 선교하는 지역이었다. 홍승한은 래양 서남부 일대를 박상순에게 넘기고, 1922년 산동에 온 이대영과 함께 즉묵 선교에 전념했다. 이런 계기들을 통해 한국선교회 중 즉묵선교회는 홍승한과 이대영이 각각 회장 겸 회계와 서기를 담당했다.

홍승한은 한국에서 노회장과 총회부회장을 역임한 인물이었다. 이런 그의 행정적 능력은 래양 선교를 시작하면서 더욱 넓은 선교지를 확대하는데 공헌했으며, 또한 래양 일대에 노회조직에 대한 구상까지 제출했다.[120] 이런 그의 비전에도 불구하고, 선교지 확대는 도리어 한국교회

118) 『中华基督教会胶东区会第二十五届年议会议录』(1940).
119) 방효원, "중화민국산동래양선교소식", 『신학지남』(제5권 제1호, 1923년), 354.
120) 홍승한, "중국산동성래양선교소식", 111.

의 재정적 어려움을 불러일으켰다. 이 때문에 홍승한은 1924년 본국으로 소환되었다. 1924년 한국은 홍수 등으로 인해 경제적으로 어려운 상황이었다. 이런 한국교회에 선교지 확대는 분명 경제적 부담을 가중시켰다. 이것은 곧 선교사 소환으로 이어졌다. 홍승한은 총회의 소환을 받고 귀국한 후 그의 고향 평북노회에서 목회를 했다. 그리고 1958년 2월 별세했다.

c. 박상순, 이대영

박상순(朴尙純)은 1918년 11월 산동 래양에 도착해 3년간 언어를 익혔다. 그는 1919년에 선교사자녀학교와 중국인소학교 및 남관교회 산하 주일학교를 설립하고 교장으로 종사했다. 이와 같이 그는 주로 교육사업에 종사하며 선교활동을 전개했다. 1924년 총회의 선교경비 축소로 인해 즉묵, 래양선교회가 합병되고 선교사 홍승한이 소환됨에 따라 박상순은 래양에서 즉묵으로 이주해 선교했다. 박상순은 1937년 중일전쟁으로 잠시 귀국하다 다시 청도로 돌아와 즉묵에서 선교했다. 그러나 박상순은 1939년 제28회 총회 결의에 따라 소환되었다. 박상순은 당시 신사참배문제로 일본의 박해를 받던 중 즉묵에서 청도로 퇴거명령을 받다 체포되어 사형선고를 받았다. 총회는 위험에 처한 선교사들을 구하기 위해, 김석진(金錫晋) 목사를 보내 결국 박상순을 본국으로 소환하게 된다. 이와 때를 같이해 총회는 1938년 신사참배를 가결하고 친일적 총회로 황국신민화의 총회로 변절했다.[121]

이대영(李大英)은 경상도에서 출생해 기독교인이 된 후 경상노회 전도인으로 활동하다 경북노회의 추천으로 평양신학교에 신학을 공부했

121) 한국기독교역사연구소,『한국기독교의 역사 II』(서울:기독교문사, 2007), 302-323.

다. 1920년 남성정교회(현 대구제일교회)에서 전도사로 시무했고 제9회 경북노회 시 목사안수를 받았다. 그는 안동읍교회 동사목사를 맡았으며, 경안노회 서기로 선출되기도 했다.

총회전도국은 이대영을 중국선교사로 선발하고 1922년 6월 산동으로 파송했다. 이때 평북여전도회에서 이대영의 봉급을 부담했다. 그는 먼저 언어를 익혔고 즉묵 등지에서 선교활동을 시작했다. 이 때문에 그는 경안노회에서 교동노회로 이명했다. 한국교회의 경제적 어려움 때문에 1924년 홍승한과 함께 총회의 소환을 받았다. 이대영은 마침 여전도회의 후원을 얻어 지속적으로 선교사 직을 담당할 수 있었다. 이대영은 1928년 교동 노회장으로 피선되었으며, 한국선교사들의 단독노회 조직 안은 1932년 산동과 교동 두 노회를 거쳐 산동대회의 승인으로,[122] 1933년 5월에 래양 남관교회에서 성립되었다. 래양노회는 한국선교사 중심의 노회로 산동대회 산하 노회가운데 하나로, 중국목회자와 한국선교사가 함께 임원으로 피선되었다.

이대영은 1948년 분단된 조국을 방문해 여러 교회에서 선교보고와 부흥회를 인도하던 중 1949년 신중국의 성립으로 선교지 산동으로 복귀하지 못했다. 1955년 40회 총회에서 선교사직의 사면이 처리되고 그는 승동교회 담임목사와 장로교 총회장을 역임했다. 1968년 11월 별세했다.

d. 김순호

김순호(金顺好)는 한국교회 최초의 여성선교사이다. 그녀는 1902년 5월 황해도 재령 동부교회 김두한 장로의 딸로 태어나 1921년 명신학교를 졸업하고, 그 후 평양여자신학교를 수학한 후 재령에서 교회 일을 담당

122) 『제21회 총회록』(1932), 79.

했다.

1928년 9월 제 17회 총회는 중국에 여성선교사를 파송하자는 의견을 공식적으로 언급했다. 이런 의견은 1930년 제19회 총회에서 구체적으로 여성선교사 파송 안을 결의한다. 1928년에 창립된 여전도회전국연합회는 이 여성선교사 파송의 실무를 담당했다. 1931년 3월 여전도회는 기독신보에 산동 여선교사 지원자를 모집하는 광고를 실었다. 모집규정은 장로교인으로 만25-30세의 중등 이상의 학교 졸업 및 성경학원 또는 동등 이상과정의 신학교를 졸업한 자이다. 충분한 성경지식과 목회경험이 있는 여성을 선발기준으로 내세웠다. 그 결과 김순호가 선발되어 1931년 9월 11일 금강산 수양관에서 선교사로 파송되었다.

김순호는 산동 래양에 도착해, 그곳의 한국선교사들의 지도를 받으며 먼저 언어를 익혔다. 그녀의 유창한 중국어 수준은 곧 그녀가 17개 지역을 순회하며 중국 여성들을 위한 성경공부 모임인 도리반을 맡아 가르치고 사경회와 부흥회를 인도할 수 있게 했다. 또한 김순호는 남성선교사와 동등한 위치에서 한국선교회의 서기와 1935년 래양노회의 회계를 담당했다. 1936년 안식년을 맞아 한국으로 잠시 귀국했는데, 이듬해 1937년 중일전쟁으로 선교지 복귀가 어려웠다. 1938년 10월 다시 선교지로 돌아올 수 있었다. 그녀는 청도에 거주하면서 즉묵을 왕래하며 성경공부와 여신도들을 지도했다. 시국문제로 여전도회는 그녀의 소환을 결정하고 1939년 9월 그녀는 귀국함으로 산동선교의 막을 내렸다.

귀국 후 바로 그녀는 만주로 선교지를 변경해 재파송되어 길림성 쌍양현(吉林省双阳县)에서 이미 선교하고 있던 최혁주와 협력해 만주를 선교했다. 김순호를 통해 그 지역 교회는 부녀 도리반을 개설하는 등 큰 발전을 이루었다. 김순호는 1940년 제29회 총회에서 쌍양현의 전도상황을 보고하기도 했다. 그러나 총회는 이미 1942년에 만주선교를 종료하기로 결정하고 이 사실을 만주기독교총회에 통지하기로 결의했다. 이 때문에 김순호는 1942년 9월 제21회 여전도연합대회에서 선교사 직을 사임했다. 그녀는 곧바로 귀국하지 않고 자비를 들여 1년 더 만주에서 선교했다.

그녀는 1945년 해방 후 평양신학교 여자부에서 교수하며 신의주 제2교회 전도사로 시무했다. 그러던 중 한국전쟁의 발발로 공산당에 의해 순교 당했다. 김순호는 한국교회 최초의 여선교사로서 중국부녀신도의 계몽과 중국여성을 상대로 복음을 전파했다. 대한예수교장로회 여전도회전국연합회는 그녀에 대해 이렇게 기록했다. "김순호는 교단총회의 인준과 여전도회 인준을 받은 유일한 선교사였다. 단신의 젊은 여성의 헌신적인 선교사역은 여성의 목회를 인정받도록 하는 계기가 되었고, 여전도회는 해외선교의 큰 몫을 잘 감당한 결실을 보았다."[123)]

e. 방지일

방지일(方之日)은 1911년 평북 선천에서 방효원 목사의 장남으로 출생했다. 그는 어려서부터 신앙적 영향을 받았으며, 아버지 방효원이 산동 선교사로 파송될 때 한국에 남아 조모의 밑에서 자랐다. 그는 부친과 동일하게 신성학교를 졸업하고 평양신학교에서 수학했다. 신학교 졸업 후 미국유학을 준비하던 중 총회의 요청으로 중국선교사가 되기로 결심한다.

방지일은 1937년 4월 평양 장대현교회에서 산동선교사로 파송받았다. 당시 그의 중학교 은사 심인곤(沈仁昆) 선생은 그를 보내며 "공맹의 도의를 저들에게 받았더니 이제 생명의 말씀으로 갚게 되었구요"[124)]라

123) 『매일종교신문』(2010년 8월 29일),http://www.dailywrn.com/sub_read.html?uid=2114(2017년 8월 9일)의 "인물탐구:한국최초 장로교 여선교사 김순호(순교자)"에서 참조함.

124) 방지일,『나의 나됨』(선교문화사, 2005), 76.

고 했다. 이와 같이 문화를 복음으로 갚으려는 마음을 지니고, 방지일은 산동으로 출발해 1937년5월 7일 산동 래양에 도착했다. 그러나 당시 중일전쟁 때문에 그는 청도로 이주해 선교할 수 밖에 없었다. 청도에서 반일문제로 박상순이 체포되어 추방당했고, 방지일 또한 위험에 처해 있었다. 일본의 회유와 협박에도 불구하고, 방지일은 복음을 전하는데 전념했다. 이 때 그는 박상순, 김순호와 함께 청도의 중가와(仲家窩)교회를 담당했다.

1939년 박상순, 김순호가 소환되고, 방지일과 이대영 만이 남아 지속적으로 선교했다. 1945년 일본이 항복하고 그 동안 일본이 빼앗아 갔던 즉묵교회의 강대상, 의자, 종 등 교회기물을 되돌려 받았다. 해방을 맞아 귀국하려는 한국동포들을 도와 청도에서 교민자치회를 조직하고 또한 한국학교를 설립해 교장을 맡았다. 그리고 국, 공 내전으로 인해 청도로 몰려든 난민을 구제하기 위해 죽창을 설치했다. 이런 과정 속에서 이대영은 1948년 잠시 귀국해 선교보고를 하던 중 1949년 신중국의 성립과 함께 다시 중국에 돌아오지 못했다. 이 때문에 방지일 혼자 청도에 남게 되었다. 방지일은 신중국 성립 이후 1957년까지 어려움 속에서 선교활동을 지속하다 한국선교사로서는 마지막으로 중국을 떠나게 되었다. 귀국 후 그는 영등포교회를 담임했고, 장로회 총회장을 역임하기도 했다.

f. 그 외 선교사들

김윤식(金允植)은 홍승한 목사가 대구교회에서 목회할 당시 교인이며 의사였다. 그는 경성 세브란스 의학을 졸업한 후, 1918년 박상순과 함께 산동에 와서 병원을 개설하고 선교사들을 도왔다. 그는 래양에 병원을 개설하고 병자를 치료했다. 특히 그는 선교목적으로 왔기 때문에 걸인들을 무료로 치료해 주며 복음을 전파했다. 이런 김의사의 병원과 교섭으로 인해 중국사람들의 마음이 감동하여 한국교회의 산동선교를 칭찬했다.[125] 또한 1923년 선천출신 의사인 주현칙(朱贤则) 장로가 합류하여 즉묵에 병원을 개설해 선교활동을 도왔다고 한다.[126] 그 외에 몇몇 신도들이 의료선교 외에 선교사들이 세운 학교의 교사로 산동에 와서 활동했다.

4. 한국선교사의 산동선교활동의 특징

a. 전도

박상순은 "산동선교의 과거와 현재"에서 한국선교사들이 전도, 교육면에서 어떤 활동을 해왔는지 설명하고 있다. 대부분의 선교사들이 교회발전과 전도에 힘썼던 것을 고려하면 전도는 한국선교사들의 특징이라 할 수 있다. 산동에서 전개된 전도는 두 가지로 구분된다. 즉 유행전도와 좌당전도이다. 유행전도는 한 단체를 조직해 천막, 환등기, 유성기, 활동사진기, 성경 등 전도원들의 양식, 취사도구 등을 가지고 다니며 대개 신자가 없는 촌락을 찾아 전도와 강설로 복음을 선전하는 것이다. 한 번에 6, 7개월 씩 외지를 순회하며 사당, 천막 등에서 기거하며 강도의 위험, 인민의 박해, 풍우한서의 괴로움을 느끼며 하는 사업이라고 할 수 있다. 이것은 복음을 광범위하게 선전하여 인생의 죄, 예수의 구원 등 기초적인 도리를 청중에게 알려주는 선전적 사업이라고

125) 마로덕(马路德), "조선예수교장로회 중국선교사업 시찰사황", 131.
126) 한국기독교역사연구소, 위의책(2007), 135.

할 수 있다. 많이 말하고 많은 사람들이 듣게 하는 것이 목적이기 때문에 단원들은 몸이 피로하고 목이 상하기도 했다.[127] 한국선교사들은 대부분 이런 방법을 통해 산동지역에서 그 복음열정을 드러내었다. 방효원은 이런 방법을 통해 즉 포도단을 결성하여 복음을 전파했는데 믿기로 작정하는 이가 한두 사람이 생기면 전도인을 파송해 특히 찬미와 기도와 성경을 교수하고 몇 개월간 유하여 교회가 설립되도록 하여 교인의 가정에서 예배를 드렸다고 한다.[128]

좌당전도는 일정한 장소 즉 가옥을 임대해 의자, 탁자, 등, 서적 및 기타 전도에 필요한 약간의 가구 등을 설치하여 예배일, 시일 등 시기에 예배의식을 거행하고 복음을 강연하며, 평일에는 개인을 심방하여 교의를 결하며 주 앞으로 흡인하는 공작이다. 포도단과 같이 대량의 청중이 복음을 들을 수는 없다. 점진적인 실효 면에서 복음당 사업이 매우 좋았다고 평가한다.[129]

위의 두 가지 전도방법은 한국선교사들이 산동에서 행한 것인데, 근 10여년 동안 복음당으로 새로 세워진 교회가 10여곳, 전도단 사업으로 건립된 교회가 2곳이었다. 이를 통해서 보면, 한국선교사들은 좌당전도를 중심으로 전도하며, 수시로 유행전도를 병행했음을 알 수 있다. 특히 복음당 건립에서, 한국선교사들은 중국신도들에게 자력정신을 지도하여 교회와 같이 교회당을 자력으로 건축하게 했다. 이것은 그들이 과거 서방선교사들의 선교 시 교회 일체비용을 지출하고 예배당을 건축해 주며, 학교도 설립해 주는 선교사 의존형태의 선교를 반성하면서 제기되었다.[130]

---

127) 박상순, "산동선교의 과거와 현재", 343.
128) 방효원, "산동선교에 대하야", 36.
129) 박상순, 위의 글, 343.

이런 전도방법들에 기초해, 한국선교사들은 향촌선교사업의 개척을 시도했다는 중요한 의의를 지닌다. 특히 래양현은 1862년 미국예수교 북장로회 전도국에서 파송한 곽현덕(郭贤德) 목사가 산동선교를 시작할 때부터 전도가 시작된 지역이었다.[131] 그러나 곽목사가 중국에 처음 와서 전도하여 처음 얻은 교인이 래양성 내에 왕모요, 그 후 사오십 년간 외촌 등지에는 교인이 생기되, 성내에는 한 교인도 생기지 아니하다가 1912년에 복음당(전도실)을 설립하고 중국전도인과 미국선교사가 거주하면서 전도하되 교인은 생기지 않았다. 대부분의 서방선교사들이 도시에 거주하며 선교하기 때문에 향촌선교가 여전히 어려웠던 것이다. 이런 면에서 1913년 한국선교사가 이곳에 도착하여 선교한 후로 몇몇 교인들을 새로 얻고 부근 각 촌에 본래 있던 교인 오륙 인을 합해 성내에 교회를 비로서 일구어 내었으며,[132] 또한 포도단을 조직해 향촌전도를 실시했다. 또한 한국선교사들은 영국성서공회가 매서 1인을 세워 매서 전도하는 것을 돕기도 했으며, 김익두, 송상절 등 당시 유명한 부흥사들을 초청해 지역교회를 활성화시켰다.

b. 교육

마로덕(马路德)은 지적하기를 한국선교사들이 서방선교사들의 교육선교 목적과 달리, 먼저 전도해서 교회를 설립한 후 교인의 자녀를 양성키 위해 학교를 설립했다고 했다.[133] 이렇게 세워진 보통의 학교가 1927년에 12곳이며, 학생 총수가 281명이었다. 그러나 1928년 선교사회가 지급하던 보조를 폐지하면서 즉 경비곤란으로 6곳으로 축소되었다. 이

---

130) 방효원, 위의 글, 36.
131) 홍승한, "중국산동성래양선교소식", 103.
132) 위의 글, 103.
133) 마로덕(马路德), "조선예수교장로회 중국선교사업 시찰사황", 130.

와 함께 당시 중국사회의 교육권회수 조치와 사립학교규칙에 따라 선교사들이 세운 학교가 많은 어려움을 겪었다고 한다.[134)]

반면 종교교육 면에서 한국선교회는 고등종교교육은 화북신학교에 의탁했으며, 대부분 지역에서 성경학교를 개설했으며, 즉묵과 래양에서 부녀도리반을 개설했다. 즉묵의 부녀도리반은 후에 청도 미국북장로회 선교사업과 연계하기도 했다. 또한 주일학교를 실시했으며 평민 식자운동을 전개해 신도의 문맹을 퇴치하기도 했다. 이런 교회 안에서 실시된 종교교육은 교인을 양성하며 교회발전에 기여했다. 특히 한국선교사들은 교인의 책임을 가르쳤는데, 중국인 조사의 월급을 자당(自当) 즉 자기의 조사를 자기가 감당하는 것이 자기의 책임임을 전도와 기도가 교인의 책임임을 그리고 대회에서의 완전한 자유는 각 교회의 자당자동(自当自动) 하는 대로 되는 것을 분명히 가르쳤다.[135)]

이런 몇 가지 점에서 살펴보면, 한국선교회가 산동에서 펼친 교육선교는 교회 안의 종교교육을 강화했음을 알 수 있다. 이것은 한국선교사들의 중국교회에 대한 인식, 특히 자립정신과 관련이 있다고 본다. 당시 중국교회의 중심이 선교회이고 정치상 특수조약이 현존하며, 교회의 경제, 교육중심이 모두 외국인 중심이며, 또한 선교기관을 철거하면 자립이 전연 불능하다고 볼 수 있다.[136)] 한국선교사들은 이것을 중국교회가 처한 위기로 진단했으며, 이를 극복하기 위해 교회의 본연의 자세 즉 복음전도와 교육 등을 강화하는 것이라고 여겼다. 한국교회의 발전경험을 기초해, 한국선교사들은 이를 산동선교의 기초로 삼았다. 이 때문에 당시 중국교회 일부 목회자는 한국교회 발전상황 등을 연구하

---

134) 박상순, "산동선교의 과거와 현재", (1935년 11월호, 제17권 제6호), 344.
135) 마로덕(马路德), 위의 글,130.
136) 방효원, "중화기독교사상의 사대위급시기", 『게자씨』(제64호, 1936년 12월), 14.

기 원했다.[137] 이와 같이 한국선교사들에 의해 실행된 종교교육은 교회의 발전과 관련이 있었으며, 이를 통해 교회 자립정신을 도모하려고 했다. 한국선교사들은 그 선교중점을 교회의 발전, 전도와 교육에 두었다고 볼 수 있다.

5. 닫는 말

한국교회 최초의 해외선교로서 산동선교는 대부분 복음선교에 치중하여 교회의 발전을 도모하는 방향으로 나아갔다. 선교에 필요한 인적, 물적 자원을 스스로의 힘에 의해 마련해 이를 통해 중국교회가 나아가야 할 자립정신을 세우는데 일조하였다.[138] 이렇듯 한국선교사들이 산동선교를 통해 보여준 모습은 개척자정신이며 당시 중국목회자들에게 귀감이었다. 지난 과거 속에서 특히 대부분 서방선교사 중심의 중국선교에서 작으나마 한국선교사들의 모습을 되돌아 볼 수 있었다. 교회의 발전을 중심으로 하는 선교 그리고 전도와 교육을 중시하는 선교는 서방선교사들과 버금가는 수준의 영향을 가져오는 산동선교를 진행했다

137) 박상순, “산동선교의 현재와 장래”, 『신학지남』 (1936년 5월, 제18권 제3호), 170. 방효원, “산동선교의 대하야”, 34.

138) 김교철, 『중화민국산동성 래양(莱阳), 즉묵(即墨) 선교사 홍승한연구』 (중국선교연구회, 1996), 37. 그러나 한가지 아쉬운 점은 이런 자립정신을 강조한 한국선교사들이 선교지확장과 관련해 중국전도인의 봉급문제에서 자립정신을 세우지 못했다. 곽안련 선교사의 말대로 즉 “우리 선교사들은 본국 전도국에 중국인 조사와 전도인의 봉급을 청원하였다. 물론 우리 전도국에서 반드시 한국식으로 하도록 하라고 허락지 아니하였다.” 봉급문제가 부결되긴 했지만, 선교지 확장으로 중국전도인의 봉급문제를 결국 지방보조비란 항목으로 보조를 시작하게 되어 1940년대까지 유지했다.

고 볼 수 있다. 우리는 한국기독교의 산동선교를 그 인물과 특징 등으로 고찰하며 다시금 한국기독교가 과거 산동선교에서 보여주었던 선교 정신이 무엇인지 성찰하지 않을 수 없다.

부록 1

역대 중국 산둥성 선교사 명단 및 파송 기간

성명	파송기간
박태로	1913-1915
사병순	1913-1916
김영훈	1913-1916
방효원	1917-1935
홍승한	1917-1924
박상순	1918-1940
이대영	1922-1948
김순호	1931-1939
방지일	1937-1957

부록 2

『게자씨』 방지일 목사 글 목록

신앙의 소유자 시므온(제2권 제12호, 1933년 12월, 4쪽)

신앙의 소유자 야이로(제3권 제1호, 1934년 1월, 16쪽)

신앙의 소유자 룻(제3권 제2호, 1934년 2월, 8쪽)

신앙의 소유자 혈루병여인(제3권 제3호, 1934년 3월, 5쪽)

활동의 시기(제3권 제4호, 1934년 4월, 1쪽)

처음 신앙가 아벨(제3권 제6호, 1934년 6월, 12쪽)

확실한 구원은! (제3권 제7호,1934년 7월, 6쪽)

한 사람의 힘(제3권 제8, 9합호, 1934년 8, 9월, 15쪽)

나는 안다(사랑하는 벗의게) (제3권 제10호, 1934년 10월, 8쪽)

안 지실 십자가 질 십자가(제3권 제11호, 1934년 11월,1쪽)

아기예수를 증거한 안나(제3권 제12호, 1934년 12월, 2쪽)

하나님은 게시다(제4권 제1호, 소화 10년 1월, 3쪽)

하나님이 게신 곧은 어댄가? (제4권 제2호, 소화 10년 2월, 9쪽)

내게 잇는 것(제4권 제3호, 소화 10년 3월, 통권 43호, 17쪽)

철저한 신앙(제4권 제4호, 소화 10년 4월, 15쪽)

영적 대수술(제4권 제5호, 소화 10년 5월, 7쪽)

사에서 생으로 (제4권 제6호, 소화 10년 6월, 11쪽)

결산 전에(제4권 제7호, 소화 10년 7월, 14쪽)

히스기아 왕의 중심생활(제4권 제8호, 소화 10년 8월, 13쪽)

불능에서 능으로(제4권 제9호, 소화 10년 9월, 17쪽)

간절(懇切)한 생활(제4권 제10호, 소화 10년 10월, 4쪽)

회개·부흥(제51호, 소화 10년 11월, 20쪽)

헤롯궁전의 査經(제52호, 소화 10년 12월, 16쪽)

신조(新造) (제53호, 1월호, 17쪽)

구별된 생활(제54호, 2월호, 13쪽)

만사(萬射)를 오직 한 곧에(제55호, 3월호, 19쪽)

십자가에까지(제56호, 4월호, 23쪽)

무서운 힘(제57호, 5월호, 17쪽)

엘니엘니 라막 사박다니(제59호, 7월호, 18쪽)

칼빈의 성경관(제60호, 8월호, 칼빈주의사백년기념호, 20쪽)

신중심 생활의 준칙(제61호, 9월호, 12쪽)

합동·분리(제62호, 10월호, 6쪽)

복음전도의 실제화(제63호, 11월호, 7쪽)

복음전도의 실제화(제64호, 12월호, 17쪽)

복음전도의 실제화(제65호, 1월호, 23쪽)

복음전도의 실제화(제66호, 2월호, 42쪽)

무듸의 성경·기도·전도관(제67호, 3월호, 무듸선생백년기념호, 20쪽)

복음전도의 실제화(제68호, 4월호, 23쪽)

복음전도 실제화(제69호, 5월호, 산동선교사파송기념호, 14쪽)

선교의 중임을 맡고(제69호, 5월호, 산동선교사파송기념호, 45쪽)

부록 3

방지일 목사 약력 및 저서

[약력]

1911년 5월 21일 평북 선천 출생

1929년 선천 신성중학교 졸업

1929년 정오리교회 개척

1931년 김진홍, 박윤선, 윤병식과 함께 월간지 ≪게자씨≫창간

1933년 평양 숭실대학 영문과 졸업

1933-37년 평양 장대현교회 전도사

1937년 평양 장로회신학교 졸업

1937년 4월 목사 안수(평양노회)

1937년 4월 8일 총회 파송 중국 산동성 선교사(21년간 봉직)

1945년 청도 교민회 외교부장, 학무부장, 청도 한국학교 교장

1957년 홍콩 경유 귀국

1958년 월요 목회자 성경연구모임 시작

1958년 6월 12일 영등포교회 부임

1960-78년 총회 전도부장

1961년 장로회신학대학 강사

1961년 한남노회장

1968년 경기노회장

1970-79년 학교법인 기독교 재단이사

1970-95년 대한성서공회 재단이사
1970-2003년 신일학교 재단이사
1971-72년 제56회 총회장
1973-75년 기독공보사 사장
1973-81년 총회 유지재단 이사장
1979년 영등포교회 원로목사
1982년 숭전대학교 명예 철학박사
1982년 대한성서공회 재단이사장
1983년 기독공보사 이사장
1996년 12월 2일 국민일보 주관 세계선교부문 대상
1998년 숭실인상 추양목회 대상
1998년 8월 28일 국민훈장 모란장
2003년 10월 28일 언더우드 선교상
2004년 장로회신학대학교 명예 신학박사
2007년 11월 29일 Yeshua University and Theological Seminary 선교학 박사
2010년 10월 7일 횃불트리니티신학대학원대학교 명예 신학박사
2014년 경기노회(영등포노회) 공로목사, 재한 중화기독교 유지재단 이사장, 한국외항선교회 상임고문, 한국목회자원로회 회장
2014년 10월 10일 향년 104세로 하나님의 부르심을 받음

[수상경력]

숭실대 졸업생으로 모교를 빛낸 인물 표창
장신대 모교를 빛낸 인물 표창
성경구락부 창립50주년 기념 창립공로 표창
대한성서공회 이사 25주년 표창

한국 교회 100주년 기념 선교 20년 근속 표창
시카고 세계선교대회 시 선교 표창
한인 기독교 이민 100주년 기념 선교 사역 표창
장신대 개교 100주년 기념 중국 선교 사역 표창

[저서]

*성경강해

1.창세기 2.출애굽기 3.레위기 4.민수기 5.신명기 6.여호수아 7.사사기·룻기 8.사무엘上 9.사무엘下 10.열왕기上 11.열왕기下 12.역대上 13.역대下 14.에스라·느헤미야 15.에스더 16.욥기 17.시편 I 18.시편II 19.잠언 20.전도서 21.아가 22.이사야I 23.이사야II 24.예레미야I 25.예레미야II·애가 26.에스겔·다니엘 27.소선지서I 28.소선지서II 29.공관복음 30.요한복음 31.사도행전 32.로마서 33.고전·후,살전·후 34.옥중서신 35.목회서신·공동서신 36.요한계시록

*말씀의 샘 시리즈(전12권)
*본 대로 들은 대로 시리즈(전25권)
*간단한 말씀 시리즈(전6권)
*기타

1.부스러기I 2.부스러기II 3.목회여담I 4.목회여담II 5.들리는 말씀 6.들려진 말씀 7.목회자의 생활 8.허락의 원칙 9.성도의 생활 10.복음역사 반백년 11.중공의 실태 12.피의 복음 13.눈물의 병 14.여호와 닛시 15.메시아 16.임마누엘 17.야사(野史)도 정사(正史)로 18.새 그릇에 담는 옛 보물 19.혈적 복음(血的福音) 20.소선지 강해(역서) 21.나의 나 됨 22.나의 눈물을 주의 병에 담으소서

부록 4

방지일 목사 연구 관련 목록

[서적]

한중식, 『현대의 욥 방지일』, 서울:숭실대학교 출판부, 2003.

홍경환, 『방지일의 선교와 사상』, 서울:미션아카데미, 2015.

[학위논문]

김재오, 宣敎師 方孝元家의 中國 山東省 宣敎에 關한 硏究 : 方孝元, 洪承漢, 方之日 宣敎師의 生涯와 神學思想을 中心으로, 연세대학교 연합신학원, 석사학위논문, 1996.

장석경, 중국선교사 방지일 목사의 생애와 목회사역 연구, 서울장신대학교, 학사학위논문, 2005.

[일반논문]

박기호, "한국 선교의 산 증인 말씀의 사람 방지일 선교사", 『한국선교 KMQ』 Vol.6 No.2 통권22호(2007 봄).

장식경, "방지일 목사의 중국 산동신교 사역과 그 신교사직 의의", 빙지일 선교신학 연구논문 발표회, 총회세계선교부, 2015.

주영철, "중국으로 파송받은 그리스도의 사자", 방지일 선교신학 연구논문 발표회,총회세계선교부, 2015.

안병호, "방지일 목사의 선교사역과 선교적 유산", 방지일 선교신학 연구논문 발표회, 총회세계선교부, 2015.

민경운, "총회 회록을 중심으로 살펴본 방지일 목사의 선교사역 고찰", 제2회 故 방지일 선교신학 연구논문 발표회, 총회세계선교부, 2016.

홍경환, "중국선교사 방지일", 제2회 故 방지일 선교신학 연구논문 발표회, 총회세계선교부, 2016.

임종표, "고 방지일 목사님의 선교적 유산은 무엇인가?", 제2회 故 방지일 선교신학 연구논문 발표회, 총회세계선교부, 2016.

방지일과 산동선교

- 구술채록

초판발행일 2018년 1월 29일
지음 · 기록 설충수
발 행 인 황준성
펴 낸 곳 숭실대학교 지식정보처 중앙도서관 학술정보출판팀
서울 동작구 상도로 369
등 록 제14-2호(1982.1.25)
TEL : 02-820-0772
FAX : 02-817-5297
http://press.ssu.ac.kr
인 쇄 처 열린문화(02-2278-1791)
값 10,000원
ISBN 978-89-7450-380-2